代数《だいすう》	力士名《りきしめい》	所属部屋《しょぞくべや》	出身《しゅっしん》	横綱免許年月《よこづなめんきょねんげつ》	番付《ばんづけ》にのった最終場所《さいしゅうばしょ》の年月《ねんげつ》
19代《だい》	常陸山《ひたちやま》 谷右衛門《たにえもん》	出羽海《でわのうみ》	茨城《いばらき》	明治《めいじ》36（1903）年《ねん》6月《がつ》	大正《たいしょう》3（1914）年《ねん》5月《がつ》
20代《だい》	梅ケ谷《うめがたに》 藤太郎《とうたろう》（二代《にだい》）	雷《いかずち》	富山《とやま》	明治《めいじ》36（1903）年《ねん》6月《がつ》	大正《たいしょう》4（1915）年《ねん》6月《がつ》
21代《だい》	若島《わかしま》 権四郎《ごんしろう》	中村《なかむら》	千葉《ちば》	明治《めいじ》38（1905）年《ねん》4月《がつ》	明治《めいじ》40（1907）年《ねん》1月《がつ》
22代《だい》	太刀山《たちやま》 峰右衛門《みねえもん》	友綱《ともづな》	富山《とやま》	明治《めいじ》44（1911）年《ねん》5月《がつ》	大正《たいしょう》7（1918）年《ねん》1月《がつ》
23代《だい》	大木戸《おおきど》 森右衛門《もりえもん》	湊《みなと》	兵庫《ひょうご》	大正元《たいしょうがん》（1912）年《ねん》12月《がつ》	大正《たいしょう》3（1914）年《ねん》1月《がつ》
24代《だい》	鳳《おおとり》 谷五郎《たにごろう》	宮城野《みやぎの》	千葉《ちば》	大正《たいしょう》4（1915）年《ねん》2月《がつ》	大正《たいしょう》9（1920）年《ねん》5月《がつ》
25代《だい》	西ノ海《にしのうみ》 嘉治郎《かじろう》（二代《にだい》）	井筒《いづつ》	鹿児島《かごしま》	大正《たいしょう》5（1916）年《ねん》2月《がつ》	大正《たいしょう》7（1918）年《ねん》5月《がつ》
26代《だい》	大錦《おおにしき》 卯一郎《ういちろう》	出羽海《でわのうみ》	大阪《おおさか》	大正《たいしょう》6（1917）年《ねん》3月《がつ》	大正《たいしょう》12（1923）年《ねん》1月《がつ》
27代《だい》	栃木山《とちぎやま》 守也《もりや》	出羽海《でわのうみ》	栃木《とちぎ》	大正《たいしょう》7（1918）年《ねん》2月《がつ》	大正《たいしょう》14（1925）年《ねん》5月《がつ》
28代《だい》	大錦《おおにしき》 大五郎《だいごろう》	朝日山《あさひやま》	愛知《あいち》	大正《たいしょう》7（1918）年《ねん》4月《がつ》	大正《たいしょう》11（1922）年《ねん》1月《がつ》
29代《だい》	宮城山《みやぎやま》 福松《ふくまつ》	高田川《たかだがわ》	岩手《いわて》	大正《たいしょう》11（1922）年《ねん》4月《がつ》	昭和《しょうわ》6（1931）年《ねん》3月《がつ》
30代《だい》	西ノ海《にしのうみ》 嘉治郎《かじろう》（三代《さんだい》）	井筒《いづつ》	鹿児島《かごしま》	大正《たいしょう》12（1923）年《ねん》2月《がつ》	昭和《しょうわ》3（1928）年《ねん》10月《がつ》
31代《だい》	常ノ花《つねのはな》 寛市《かんいち》	出羽海《でわのうみ》	岡山《おかやま》	大正《たいしょう》13（1924）年《ねん》3月《がつ》	昭和《しょうわ》5（1930）年《ねん》10月《がつ》
32代《だい》	玉錦《たまにしき》 三右衛門《さんえもん》	二所ノ関《にしょのせき》	高知《こうち》	昭和《しょうわ》7（1932）年《ねん》10月《がつ》	昭和《しょうわ》13（1938）年《ねん》5月《がつ》（現役中《げんえきちゅう》に没《ぼっ》）
33代《だい》	武蔵山《むさしやま》 武《たけし》	出羽海《でわのうみ》	神奈川《かながわ》	昭和《しょうわ》10（1935）年《ねん》6月《がつ》	昭和《しょうわ》14（1939）年《ねん》5月《がつ》
34代《だい》	男女ノ川《みなのがわ》 登三《とうぞう》	佐渡ケ嶽《さどがたけ》	茨城《いばらき》	昭和《しょうわ》11（1936）年《ねん》2月《がつ》	昭和《しょうわ》17（1942）年《ねん》1月《がつ》
35代《だい》	双葉山《ふたばやま》 定次《さだじ》	双葉山《ふたばやま》	大分《おおいた》	昭和《しょうわ》12（1937）年《ねん》5月《がつ》	昭和《しょうわ》20（1945）年《ねん》11月《がつ》
36代《だい》	羽黒山《はぐろやま》 政司《まさじ》	立浪《たつなみ》	新潟《にいがた》	昭和《しょうわ》16（1941）年《ねん》6月《がつ》	昭和《しょうわ》28（1953）年《ねん》9月《がつ》
37代《だい》	安藝ノ海《あきのうみ》 節男《せつお》	出羽海《でわのうみ》	広島《ひろしま》	昭和《しょうわ》17（1942）年《ねん》6月《がつ》	昭和《しょうわ》21（1946）年《ねん》11月《がつ》

←後見返《あとみかえ》しへ続《つづ》く

デーモン閣下《かっか》監修《かんしゅう》！

みんなの相撲大全《すもうたいぜん》

〈二〉

すばらしい相撲《すもう》の世界《せかい》

すばらしい
相撲《すもう》の世界《せかい》へ
ようこそ！

監修者《かんしゅうしゃ》のデーモン閣下《かっか》

はじめに

スポーツであり娯楽《ごらく》でもあり、神事《しんじ》としての一面《いちめん》も持《も》つ相撲《すもう》。鍛錬《たんれん》を重《かさ》ねた力士《りきし》たちが、伝統《でんとう》を大切《たいせつ》にしながら行《おこな》う大相撲《おおずもう》には、勝負《しょうぶ》のおもしろさとともに、はなやかな魅力《みりょく》があります。また自分《じぶん》で取《と》る相撲《すもう》にも、礼《れい》を重《おも》んじ、相手《あいて》を尊重《そんちょう》するからこそ味《あじ》わえる豊《ゆた》かな楽《たの》しさが備《そな》わっています。それらは、最《もっと》も身近《みぢか》に感《かん》じられる相撲《すもう》のすばらしさかもしれません。

この巻《かん》では、「すばらしい相撲《すもう》の世界《せかい》」と題《だい》して、相撲《すもう》の歴史《れきし》や、歴史《れきし》に残《のこ》る名力士《めいりきし》や名勝負《めいしょうぶ》をたっぷり紹介《しょうかい》します。また、言葉《ことば》や玩具《がんぐ》など暮《く》らしに深《ふか》くなじんできた相撲《すもう》、文学《ぶんがく》や美術《びじゅつ》に映《うつ》りこんだ相撲《すもう》など、さまざまな角度《かくど》からも相撲《すもう》の魅力《みりょく》にせまります。世界各地《せかいかくち》の相撲《すもう》や外国人《がいこくじん》の目《め》に映《うつ》った相撲《すもう》を知《し》ることからも、新《あたら》しく見《み》えてくる一面《いちめん》がありそうです。これまでに見《み》たことのない、奥深《おくぶか》い相撲《すもう》の魅力《みりょく》を、一緒《いっしょ》に感《かん》じていきましょう。

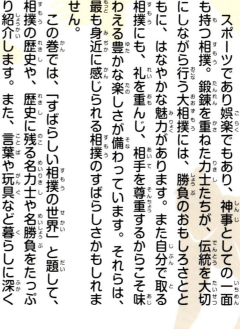

もくじ

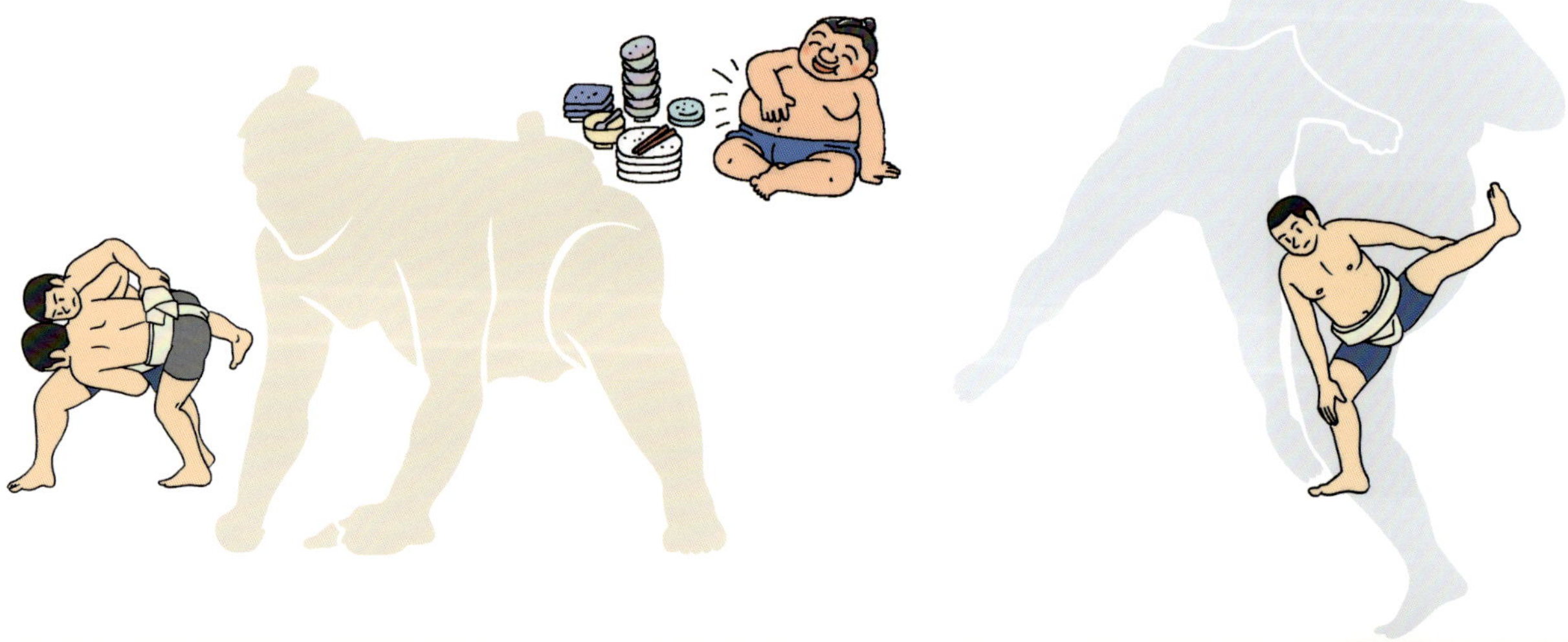

この本《ほん》を読《よ》む前《まえ》に

＊この本《ほん》の内容《ないよう》は、平成《へいせい》30（2018）年《ねん》1月現在《がつげんざい》の情報《じょうほう》をもとにしています。

＊各《かく》ページの下《した》には、相撲豆知識《すもうまめちしき》をのせています。

＊この本《ほん》では、「大相撲《おおずもう》」は、日本相撲協会《にほんすもうきょうかい》が主催《しゅさい》して行《おこな》われる相撲《すもう》の興行《こうぎょう》のこととしました。「相撲《すもう》」とした場合《ばあい》は、基本的《きほんてき》に、大相撲《おおずもう》のほか、アマチュアの大会《たいかい》などで行《おこな》われる力士《りきし》（または選手《せんしゅ》など）の戦《たたか》いや、神事《しんじ》や祭《まつ》りでの儀式《ぎしき》、他《た》の国《くに》での類似競技《るいじきょうぎ》などをふくめたものをさしています。

＊相撲《すもう》に関《かん》する用語《ようご》や歴史的《れきしてき》なできごとなどには、異《こと》なる言《い》い方《かた》や説《せつ》がある場合《ばあい》がありますが、この本《ほん》では一般的《いっぱんてき》と思《おも》われる記述《きじゅつ》をしています。ほかの言《い》い方《かた》や異説《いせつ》を否定《ひてい》するものではありません。

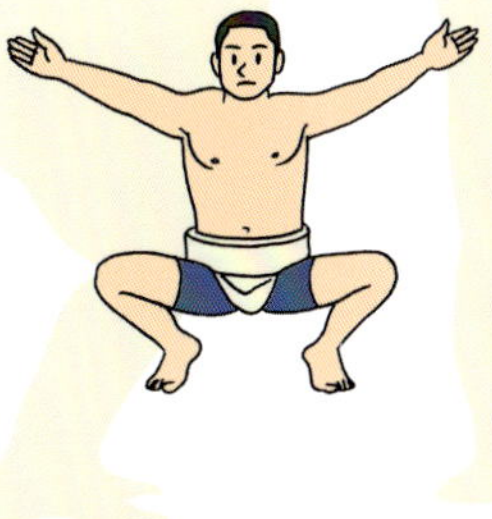

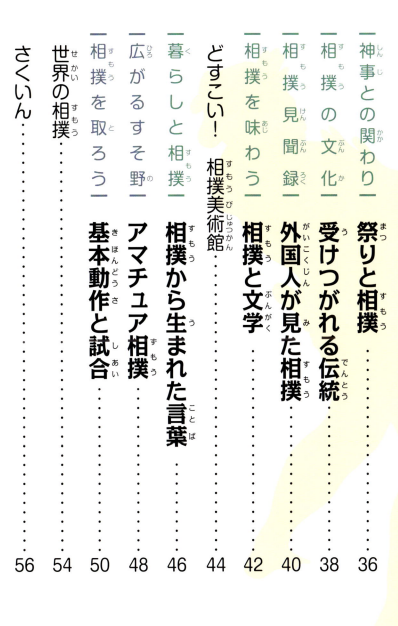

相撲《すもう》の歴史《れきし》①

相撲《すもう》のおこり

何千年《なんぜんねん》も前《まえ》から、世界各地《せかいかくち》で、相撲《すもう》のような競技《きょうぎ》が行《おこな》われていたと考《かんが》えられています。

古《ふる》くからあった相撲《すもう》

世界各地《せかいかくち》の遺跡《いせき》で発見《はっけん》された出土品《しゅつどひん》や壁《へき》画《が》などから、大昔《おおむかし》にも2人で組《く》み合《あ》ってたたかう競技《きょうぎ》のようなものがあったと考《かんが》えられます。古代《こだい》バビロニア（現在《げんざい》のイラク）の約《やく》5000年前《ねんまえ》の遺跡《いせき》からは、取組《とりくみ》をしている姿《すがた》らしい置《お》き物《もの》が見《み》つかっています。約《やく》2500年前《ねんまえ》の古代《こだい》エジプトの壁画《へきが》にも、2人が組《く》み合《あ》う姿《すがた》が見《み》られます。インドでも、約《やく》2500年前《ねんまえ》に、相撲《すもう》のような競技《きょうぎ》が行《おこな》われていたという記録《きろく》があります。

各地《かくち》でそれぞれに、相撲《すもう》のような競技《きょうぎ》がおこったのだ。

古代《こだい》バビロニアのカファジェ遺跡《いせき》で発見《はっけん》された青銅製《せいどうせい》の置《お》き物《もの》。腰《こし》に布《ぬの》をつけた二人《ふたり》が組《く》み合《あ》っている。

©www.scalarchives.com/amanaimages

古代《こだい》エジプトの豪族《ごうぞく》の墓《はか》にえがかれた壁画《へきが》。相撲《すもう》のようなたたかいの様子《ようす》がえがかれている。

写真／ AKG/PPS 通信社

古代《こだい》インドにあった相撲《すもう》は、約《やく》4m 四方《しほう》の砂地《すなち》の上《うえ》で2人がたたかい、投《な》げたおすか押《お》したおすかして、相手《あいて》の背中《せなか》か両《りょう》肩《かた》を地面《じめん》につけると勝《か》ちになった。仏教《ぶっきょう》を開《ひら》いたブッダ（紀元前《きげんぜん》6～5世紀《せいき》か）は、相撲《すもう》で勝《か》って妻《つま》をめとったとされる。

神事《しんじ》だった日本《にっぽん》の相撲《すもう》

日本《にっぽん》では、古墳時代《こふんじだい》（3世紀半《せいきなか》ば〜7世紀《せいき》）に、焼《や》き物《もの》で人《ひと》や馬《うま》などの姿《すがた》をかたどった「はにわ」がつくられていました。その中《なか》には、力士《りきし》のような姿《すがた》をしたものも見《み》られます。それらは、腰《こし》の周《まわ》りに、現在《げんざい》のまわしのような布《ぬの》を巻《ま》いています。このころの相撲《すもう》は、作物《さくもつ》が豊《ゆた》かに実《みの》るかどうかを神《かみ》にたずねる神事《しんじ》だったと考《かんが》えられています。

←福島県泉崎村《ふくしまけんいずみざきむら》の原山古墳《はらやまこふん》から出土《しゅつど》したはにわ。高《たか》さ62センチメートル。四股《しこ》をふむ様子《ようす》だとされる（5世紀後半《せいきこうはん》）。

←和歌山市《わかやまし》の井辺八幡山古墳《いんべはちまんやまこふん》から出土《しゅつど》したはにわ。力士《りきし》の姿《すがた》と考《かんが》えられている。高《たか》さ119.5センチメートルの大型《おおがた》のはにわである（6世紀前半《せいきぜんはん》のもの）。

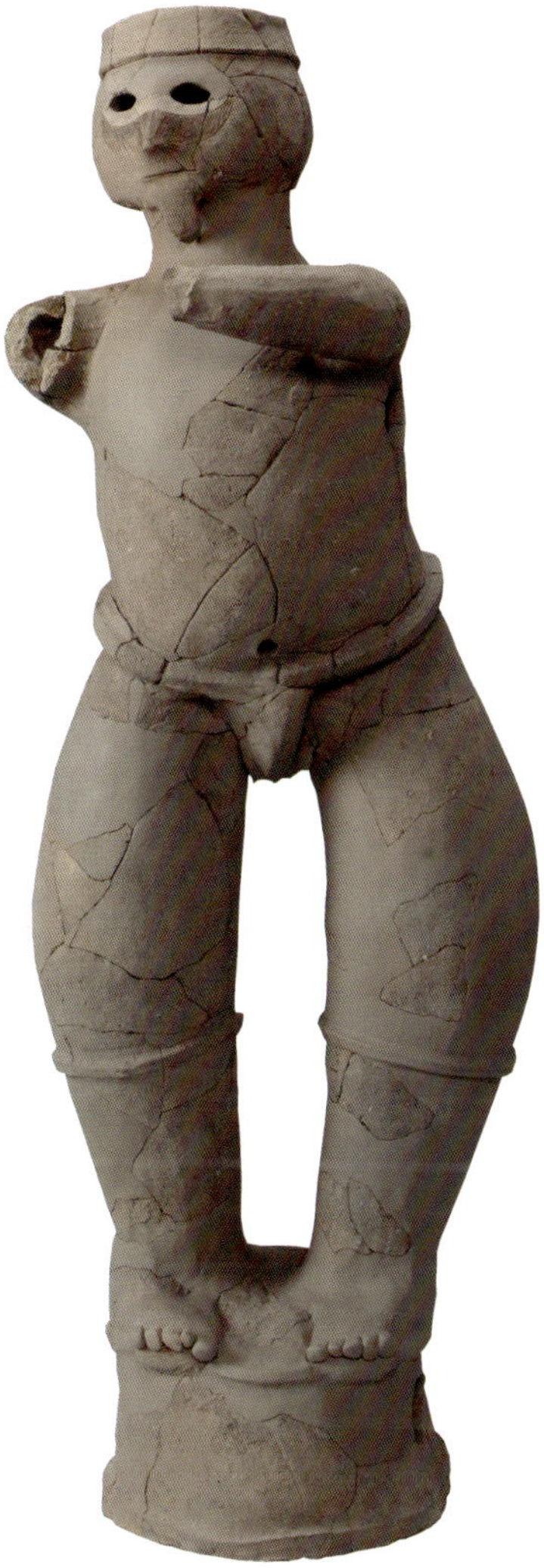

男子力士像埴輪（和歌山市教育委員会所蔵）
写真／和歌山市立博物館

原山一号墳出土力士像埴輪（福島県泉崎資料館所蔵）
写真／泉崎村教育委員会

相撲《すもう》は「すまふ《（う）》」から

大昔《おおむかし》の日本《にっぽん》には、「すまふ《（う）》」という言葉《ことば》がありました。「すまふ《（う）》」とは、「争《あらそ》う」、「抵抗《ていこう》する」という意味《いみ》で、なぐったりけったりして競《きそ》い合《あ》うこともさしました。やがて、「すまふ《（う）》」の名詞形《めいしけい》の「すまひ《（い）》」が相撲《すもう》をさすようになり、室町時代《むろまちじだい》ごろに「すもう」になりました。

中国《ちゅうごく》では、「相撲」は、「力比《ちからくら》べ」、「格闘《かくとう》」を表《あらわ》す言葉《ことば》でした。それが「すもう」と似《に》ていたため、「相撲」を「すもう」と読《よ》むようになったと考《かんが》えられます。なお、「撲《ぼく》」という漢字《かんじ》には、「なぐる」という意味《いみ》もあります。

群馬県高崎市《ぐんまけんたかさきし》の保渡田八幡塚古墳《ほどたはちまんづかこふん》から出土《しゅつど》したはにわ（復元《ふくげん》）。

保渡田八幡塚古墳埴輪（力士）　写真／かみつけの里博物館

「すもう」は、「角力《すもう》」とも書《か》く。「角《かく》」には「比《くら》べる」、「競《きそ》う」という意味《いみ》があり、「角力《すもう》」は「力比《ちからくら》べ」をさす。本来《ほんらい》は、格闘競技全般《かくとうきょうぎぜんぱん》をさす言葉《ことば》だが、やがて日本《にっぽん》では「すもう」だけを表《あらわ》すようになった。

古代《こだい》の相撲《すもう》

相撲《すもう》のもとになった「すまひ」は、次第《しだい》に競技《きょうぎ》として行《おこな》われるようになりました。

『古事記《こじき》』『日本書紀《にほんしょき》』に登場《とうじょう》する相撲《すもう》

8世紀前半《せいきぜんはん》にまとめられた歴史書《れきししょ》『古事記《こじき》』には、タケミカヅチノカミとタケミナカタノカミという神《かみ》が力比《ちからくら》べをした話《はなし》があります。

また、同《おな》じころの歴史書《れきししょ》『日本書紀《にほんしょき》』には、次《つぎ》のような、人間同士《にんげんどうし》の相撲《すもう》の話《はなし》があります。

垂仁天皇《すいにんてんのう》（紀元前《きげんぜん》20年《ねん》ごろとされる）の時代《じだい》に、大和《やまと》（奈良県《ならけん》）にいた当麻蹶速《たいまのけはや》という男《おとこ》が、「自分《じぶん》よりも強《つよ》い者《もの》はいない」といいばっていました。これを聞《き》いた天皇《てんのう》は、出雲《いずも》（島根県《しまねけん》）から、野見宿禰《のみのすくね》という男《おとこ》を呼《よ》び寄《よ》せて相撲《すもう》を取《と》らせました。この相撲《すもう》では、けり合《あ》いの末《すえ》に野見宿禰《のみのすくね》が勝《か》ちました。古《ふる》い時代《じだい》から、このような格闘技《かくとうぎ》が行《おこな》われていたこと、当時《とうじ》の相撲《すもう》には、けり技《わざ》がふくまれていたことがうかがえます。

天皇《てんのう》の前《まえ》で相撲《すもう》を取《と》る、野見宿禰《のみのすくね》と当麻蹶速《たいまのけはや》の想像図《そうぞうず》（明治時代《めいじじだい》にかかれたもの）。

「野見宿禰と當麻蹶速対戦の図」　画像提供／日本相撲協会

天皇《てんのう》の前《まえ》で行《おこな》われた相撲《すもう》

7世紀《せいき》には、百済《くだら》（朝鮮半島《ちょうせんはんとう》の国《くに》）から来《き》た使節《しせつ》をもてなすために、朝廷《ちょうてい》の兵士《へいし》たちに相撲《すもう》を取《と》らせたという記録《きろく》があります。奈良時代《ならじだい》（8世紀《せいき》）には、天皇《てんのう》の命令《めいれい》で、全国各地《ぜんこくかくち》から力士《りきし》（すまひ《(い)》人《びと》）が集《あつ》められました。力士《りきし》たちは、天皇《てんのう》や貴族《きぞく》たちの前《まえ》で相撲《すもう》を取《と》り、天皇《てんのう》たちを楽《たの》しませました。

また、8世紀末《せいきすえ》に書《か》かれた歴史書《れきししょ》の『続日本紀《しょくにほんぎ》』に、養老《ようろう》3年《ねん》（719）に、各地《かくち》から力士《りきし》（すまひ《(い)》人《びと》）を選《えら》ぶ仕事《しごと》をする「抜出司《ぬきいだしのつかさ》」という官職《かんしょく》が置《お》かれたという記録《きろく》があります。

野見宿禰《のみのすくね》と当麻蹶速《たいまのけはや》が相撲《すもう》を取《と》った日《ひ》は、7月《がつ》7日《か》だったとされていた。そのため、平安時代《へいあんじだい》の相撲節会《すまいのせちえ》は、毎年《まいとし》7月《がつ》7日《か》の七夕《たなばた》の日《ひ》に行《おこな》われた。昔《むかし》（旧暦《きゅうれき》）の7月《がつ》は秋《あき》なので、今《いま》も「相撲《すもう》」は秋《あき》の季語《きご》になっている（→ 43ページ）。

相撲節会《すまいのせちえ》の想像図《そうぞうず》（明治時代《めいじじだい》にかかれたもの）。1日《にち》で20番《ばん》（後《のち》に17番《ばん》）の取組《とりくみ》が行《おこな》われたという。

「平安朝相撲節会の図」　画像提供／日本相撲協会

平安時代《へいあんじだい》の相撲節会《すまいのせちえ》

平安時代《へいあんじだい》（8～12世紀《せいき》）になると、天皇《てんのう》の前《まえ》で行《おこな》われる相撲《すもう》のもよおしは、ますます盛《さか》んになり、年《ねん》に1度《ど》、7月《がつ》7日《か》に行《おこな》われる相撲節会《すまいのせちえ》という行事《ぎょうじ》になりました。

相撲節会《すまいのせちえ》では、相撲《すもう》だけでなく、舞《ま》いや曲芸《きょくげい》なども披露《ひろう》されました。宮中《きゅうちゅう》の宮殿《きゅうでん》の前庭《ぜんてい》に相撲場《すもうば》がつくられ、力士《りきし》（すまひ《(い)》人《びと》）が左《さ》右《ゆう》に分《わ》かれて登場《とうじょう》し、相撲《すもう》を取《と》りました。このころの相撲《すもう》は、まだ土俵《どひょう》がなかったため、相手《あいて》をたおすか、ひざをつかせると勝《か》ちでした。また、行司《ぎょうじ》はいませんでした。

相撲節会《すまいのせちえ》は、国《くに》の平和《へいわ》や作物《さくもつ》の豊《ゆた》かな実《みの》りを願《ねが》う儀式《ぎしき》として、宮《きゅう》中《ちゅう》で300年《ねん》以上《いじょう》も続《つづ》けられました。

相撲節会《すまいのせちえ》は、宮中《きゅうちゅう》の3つの重要《じゅうよう》な儀式《ぎしき》のひとつだったのだ。

相撲《すもう》好《ず》きな貴族《きぞく》の話《はなし》

鎌倉時代《かまくらじだい》の説話集《せつわしゅう》『古今著聞集《ここんちょもんじゅう》』に、次《つぎ》のような話《はなし》があります。

「平安時代末期《へいあんじだいまっき》に、中納言《ちゅうなごん》藤原伊《ふじわらのこれ》実《ざね》という、相撲《すもう》が大好《だいす》きな貴族《きぞく》がおり、よく相撲《すもう》を取《と》っていた。伊実《これざね》の父《ちち》伊通《これみち》は、伊実《これざね》が相撲《すもう》好《ず》き過《す》ぎて、学問《がくもん》がおろそかになることを心配《しんぱい》した。そこで、相手《あいて》の腹《はら》に頭《あたま》をつけてたおすことで評判《ひょうばん》の「腹《はら》くじり」という相撲人《すまひびと》と戦《たたか》わせ、もし伊実《これざね》が負《ま》けたら学問《がくもん》にはげむようにと言《い》った。腹《はら》くじりは、評判通《ひょうばんどお》り、伊実《これざね》の腹《はら》に頭《あたま》をつけて有利《ゆうり》な体勢《たいせい》になる。ところが、伊実《これざね》は、相手《あいて》のふんどしをつかんで引《ひ》きつけ、たおしてしまった。その後《ご》、伊実《これざね》はだれにも文句《もんく》を言《い》われることなく、相撲《すもう》を楽《たの》しんだという。」

「巻第十中納言伊実相撲腹くじりに合ひて勝ち腹くじり逐電の事」

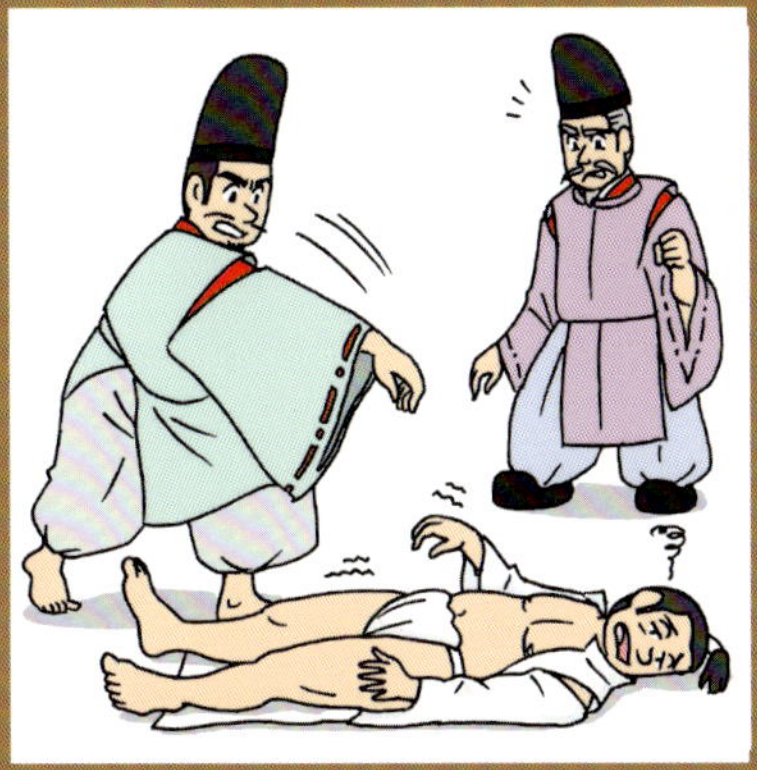

平安時代《へいあんじだい》に宮中《きゅうちゅう》で行《おこな》われていた儀式《ぎしき》のうち、射礼《じゃらい》（1月《がつ》17日《にち》に、矢《や》を射《い》る技《わざ》を見《み》せる）、騎射《うまゆみ》（5月《がつ》5日《か》に、馬《うま》に乗《の》って矢《や》を射《い》る技《わざ》を見《み》せる）と相撲節会《すまいのせちえ》の3つをあわせて、三度節《さんどせつ》と呼《よ》ばれた。

中世《ちゅうせい》の相撲《すもう》

貴族中心《きぞくちゅうしん》の時代《じだい》から武士《ぶし》が力《ちから》を持《も》つ時代《じだい》になり、相撲《すもう》は、武士《ぶし》や民衆《みんしゅう》の間《あいだ》に広《ひろ》まりました。

武士《ぶし》が相撲《すもう》で鍛錬《たんれん》する

平安時代《へいあんじだい》に宮中《きゅうちゅう》で行《おこな》われていた相撲節会《すまいのせちえ》は、12世紀後半《せいきこうはん》には、とだえてしまいました。このころは、武士《ぶし》たちが力《ちから》をつけるようになり、いくさの多《おお》い世《よ》の中《なか》になっていました。

武士《ぶし》たちは、いくさで、組《く》み合《あ》ってたたかうための訓練《くんれん》として、相撲《すもう》を取《と》りました。ほかに、神社《じんじゃ》での神事《しんじ》として相撲《すもう》を取《と》り、神《かみ》に奉納《ほうのう》することもありました。

「畠山重忠長居相撲の図」 画像提供／日本相撲協会

平安時代末期《へいあんじだいまっき》～鎌倉時代初期《かまくらじだいしょき》の武将《ぶしょう》、畠山重忠《はたけやましげただ》が、東国《とうごく》で最《もっと》も強《つよ》いとされた長居《ながい》という力士《りきし》（すまひ人《(い)びと》）をたおしたという話《はなし》の場面《ばめん》がえがかれている（江戸時代後期《えどじだいこうき》にかかれたもの）。

相撲《すもう》は、実戦《じっせん》に必要《ひつよう》な武術《ぶじゅつ》でもあったのだ。

相撲見物《すもうけんぶつ》をした源 頼朝《みなもとのよりとも》

鎌倉幕府《かまくらばくふ》を開《ひら》いた源頼朝《みなもとのよりとも》は、武士《ぶし》や力士《りきし》（すまひ人《(い)びと》）を集《あつ》めて、よく相撲《すもう》を取《と》らせ、それを見物《けんぶつ》したという記録《きろく》が残《のこ》っています。鎌倉《かまくら》の鶴岡八幡宮《つるがおかはちまんぐう》などの神社《じんじゃ》で神事《しんじ》としてもよおしたほか、鎌倉御所《かまくらごしょ》（将軍《しょうぐん》の住《す》まいと幕府《ばくふ》の役所《やくしょ》）などでも相撲《すもう》を取《と》らせ、見物《けんぶつ》しました。

頼朝《よりとも》より後《のち》の鎌倉時代《かまくらじだい》や室町時代《むろまちじだい》にも、将軍《しょうぐん》や幕府《ばくふ》の有力者《ゆうりょくしゃ》たちが相撲《すもう》の見物《けんぶつ》をしたという記録《きろく》があります。

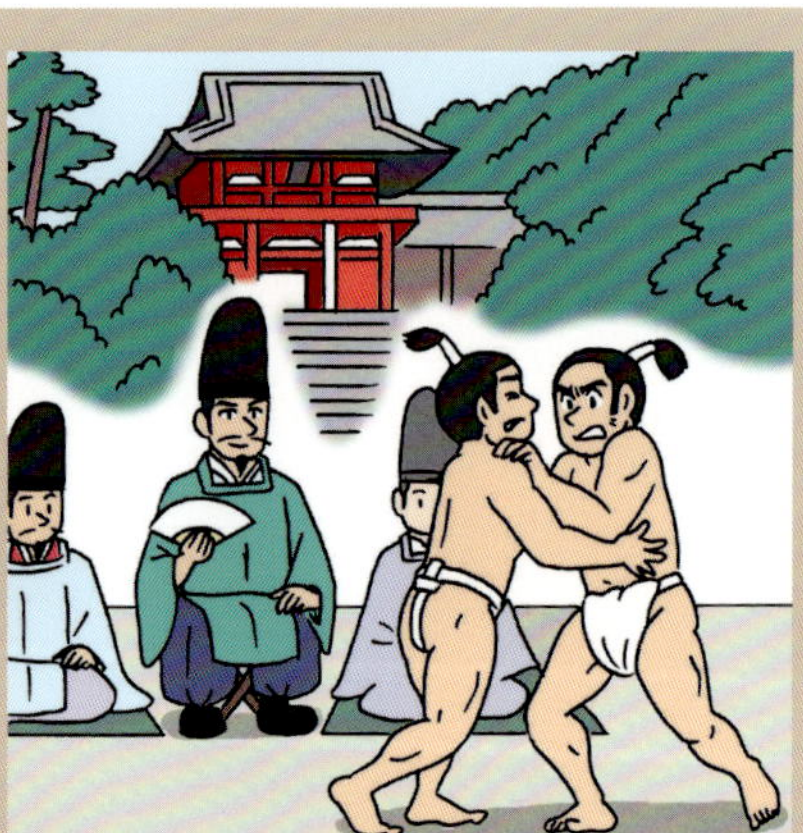

中世以降《ちゅうせいいこう》、道《みち》ばたに簡単《かんたん》な小屋《こや》をつくり、相撲《すもう》を見世物《みせもの》にする辻相撲《つじずもう》が行《おこな》われていた（神事《しんじ》でない、興行《こうぎょう》としての相撲《すもう》の始《はじ》まり）。辻相撲《つじずもう》では、かけが行《おこな》われたり、けんかが起《お》こったりしたため、たびたび辻相撲《つじずもう》を禁止《きんし》する命令《めいれい》が出《だ》されていた。

相撲《すもう》を職業《しょくぎょう》にする人《ひと》たち

平安時代後期《へいあんじだいこうき》から、神社《じんじゃ》や寺《てら》では、祭礼《さいれい》の時《とき》に、神《かみ》や仏《ほとけ》に奉納《ほうのう》する芸能《げいのう》として、相撲《すもう》のもよおしが行《おこな》われるようになっていました。このようなもよおしで相撲《すもう》を取《と》ったのは、相撲節会《すまいのせちえ》のために都《みやこ》（京都《きょうと》）にやってきた力士《りきし》（すまひ人《(い)びと》）たちでした。相撲節会《すまいのせちえ》が行《おこな》われなくなった後《あと》、活躍《かつやく》の場《ば》を失《うしな》ったすまひ人《(い)びと》たちによって、職業《しょくぎょう》として相撲《すもう》を取《と》るすまひ人《(い)びと》の集団《しゅうだん》ができたのです。室町時代《むろまちじだい》に、さまざまな職人《しょくにん》の姿《すがた》をえがいた書物《しょもつ》にも、相撲取《すもうと》りがえがかれています。

すまひ人《(い)びと》たちは、時《とき》には、地方《ちほう》の神社《じんじゃ》などに行《い》って相撲《すもう》を取《と》ることもありました。そうして、地方《ちほう》の民衆《みんしゅう》の間《あいだ》にも、芸能《げいのう》や娯楽《ごらく》としての相撲《すもう》が広《ひろ》まっていきました。

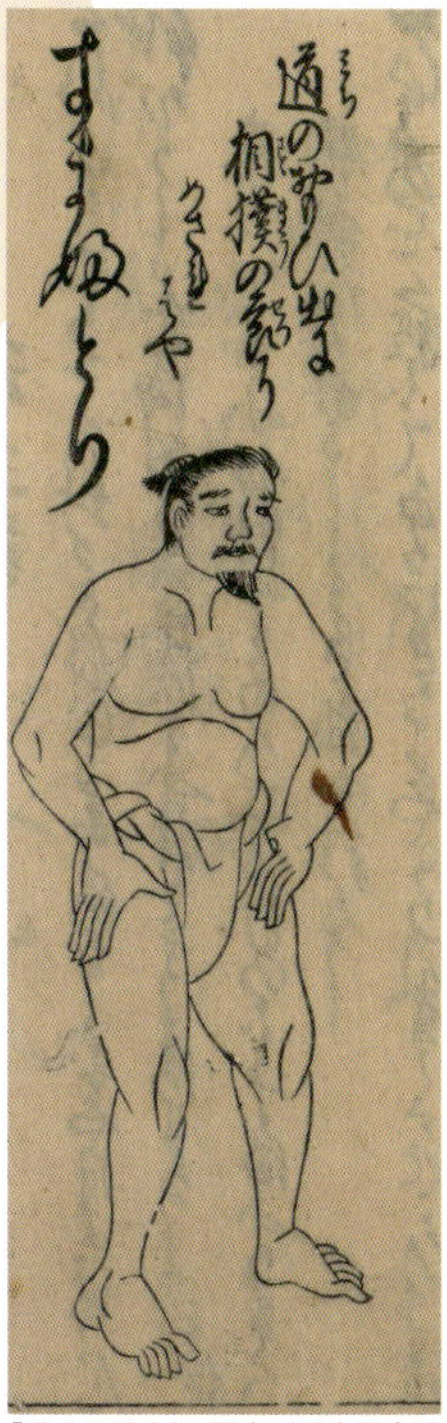

室町時代《むろまちじだい》に、職業《しょくぎょう》のひとつとしてえがかれた「すまふ《(う)》とり（相撲取《すもうと》り）」。絵《え》の上《うえ》には、「道《みち》の思ひ出《おも(い)で》に、相撲《すまひ》の節《せち》に召《め》さればや（道中《どうちゅう》の思《おも》い出《で》になるよう、相撲節会《すまいのせちえ》に呼《よ》ばれたいものだ）」と書《か》かれている。

『職人尽歌合』　写真／国立国会図書館

相撲《すもう》を好《この》んだ武将《ぶしょう》たち

戦国時代《せんごくじだい》の武将《ぶしょう》、織田信長《おだのぶなが》は、たいへん相撲《すもう》が好《す》きでした。元亀元《げんきがん》（1570）年《ねん》から12年間《ねんかん》、毎年《まいとし》、本拠地《ほんきょち》の安土《あづち》（滋賀県《しがけん》）などにすまひ人《(い)びと》を集《あつ》めて相撲《すもう》を取《と》らせて楽《たの》しんだといいます。特《とく》に優《すぐ》れたすまひ人《(い)びと》には、ほうびをあたえたり、家来《けらい》としてめしかかえたりしました。天正《てんしょう》6（1578）年《ねん》に行《おこな》った相撲《すもう》のもよおしでは、成績《せいせき》がよかった者《もの》たちに、刀《かたな》や衣服《いふく》のほか、屋敷《やしき》まであたえたことが記録《きろく》に残《のこ》っています。

信長《のぶなが》のほかにも、天下《てんか》を統一《とういつ》した豊臣秀吉《とよとみひでよし》、長宗我部元親《ちょうそかべもとちか》、毛利秀包《もうりひでかね》なども、相撲《すもう》の見物《けんぶつ》を好《この》み、すまひ人《(い)びと》をめしかかえています。有力《ゆうりょく》な武将《ぶしょう》が、すまひ人《(い)びと》をめしかかえることは、後《のち》の江戸時代《えどじだい》にも続《つづ》いていきました。

勧進興行《かんじんこうぎょう》が始《はじ》まる

職業《しょくぎょう》として相撲《すもう》を取《と》るようになったすまひ人《(い)びと》たちは、室町時代《むろまちじだい》には、多《おお》くの人《ひと》に相撲《すもう》を見《み》せてお金《かね》を集《あつ》めるもよおしで相撲《すもう》を取《と》るようになりました。

また、このころには、神社《じんじゃ》や寺院《じいん》の建物《たてもの》のほか、橋《はし》などの建設《けんせつ》や修理《しゅうり》のために、芸能《げいのう》を見《み》せて人《ひと》を集《あつ》め、寄付金《きふきん》を集《あつ》めることがありました。これを、「勧進《かんじん》」といいます。相撲《すもう》も、勧進《かんじん》のための芸能《げいのう》のひとつとして、都《みやこ》を中心《ちゅうしん》に興行《こうぎょう》が行《おこな》われました。

16世紀末《せいきまつ》の安土桃山時代《あづちももやまじだい》には、相撲興行《すもうこうぎょう》の進行《しんこう》を取《と》りしきる役割《やくわり》を担《にな》う人《ひと》として、「行司《ぎょうじ》」が登場《とうじょう》します。また、「さじき」と呼《よ》ばれる見物席《けんぶつせき》が設《もう》けられたのも、このころだと考《かんが》えられています。ただし、土俵《どひょう》はまだありませんでした。

勧進《かんじん》とは、もともと、人《ひと》に仏教《ぶっきょう》の教《おし》えを説《と》いて導《みちび》くことをさし、後《のち》に、僧《そう》が人々《ひとびと》から寄付《きふ》を集《あつ》めることをさすようになった。寄付《きふ》を集《あつ》める手段《しゅだん》として、猿楽《さるがく》、田楽《でんがく》、猿楽能《さるがくのう》（現在《げんざい》の能楽《のうがく》）、歌舞伎《かぶき》などの芸能《げいのう》の興行《こうぎょう》がもよおされた。

江戸時代《えどじだい》の相撲《すもう》

相撲《すもう》の興行《こうぎょう》がさかんになり、現在《げんざい》の大相撲《おおずもう》の基礎《きそ》がつくられました。

18世紀末《せいきすえ》の相撲興行《すもうこうぎょう》の様子《ようす》。屋外《おくがい》に屋根《やね》つきの円形《えんけい》の土俵《どひょう》がつくられ、晴《は》れの日《ひ》だけ開催《かいさい》された。一場所《ひとばしょ》8〜10日《か》だったが、雨《あめ》で中断《ちゅうだん》されると一《いっ》か月以上《げついじょう》にわたることもあった。

「江戸勧進大相撲浮絵之図」　写真／日本相撲協会

相撲興行《すもうこうぎょう》が行《おこな》われ、庶民《しょみん》の人気《にんき》に

室町時代《むろまちじだい》に勧進興行《かんじんこうぎょう》として開催《かいさい》され始《はじ》めた相撲《すもう》は、江戸《えど》時代前期《じだいぜんき》には、職業《しょくぎょう》として相撲《すもう》を取《と》る力士《りきし》が自分《じぶん》たちの生活《せいかつ》のために行《おこな》うものに変《か》わっていきました。興行《こうぎょう》を主催《しゅさい》する〝角力会所《すもうかいしょ》〟と呼《よ》ばれる団体《だんたい》も各地《かくち》に生《う》まれます。しかし、都市《とし》で行《おこな》われる相撲興行《すもうこうぎょう》では、よくけんかがおこりました。

そこで、相撲《すもう》の関係者《かんけいしゃ》は、力士《りきし》をきちんと監督《かんとく》する人《ひと》を設《もう》けるなどのしくみをつくりました。江戸時代前期《えどじだいぜんき》には、京都《きょうと》や大坂《おおさか》（大阪《おおさか》）を中心《ちゅうしん》に、江戸時代中期《えどじだいちゅうき》には、江戸《えど》（現在《げんざい》の東京《とうきょう》）でも、相撲興行《すもうこうぎょう》がさかんになりました。江戸相撲《えどずもう》の力士《りき》《し》たちは、年間《ねんかん》4回《かい》（江戸《えど》で2回《かい》、京都《きょうと》・大坂《おおさか》で各《かく》1回《かい》）の本場所《ほんばしょ》を、定期的《ていきてき》に行《おこな》うようになりました。

寛政《かんせい》3（1791）年《ねん》には、江戸城《えどじょう》で将軍《しょうぐん》の前《まえ》で相撲《すもう》が行《おこな》われるなど、相撲《すもう》は栄《さか》え、相撲興行《すもうこうぎょう》は、江戸《えど》の庶民《しょみん》の大《おお》きな楽《たの》しみのひとつとなりました。

写真／日本相撲協会

江戸時代《えどじだい》の相撲興行《すもうこうぎょう》では、幕府《ばくふ》の許可《きょか》を得《え》ているというしるしに、「蒙御免（ごめんこうむる）」と書《か》かれた御免札《ごめんふだ》が立《た》てられていた。現在《げんざい》の大相撲《おおずもう》でも、本場所《ほんばしょ》の時《とき》に、御免札《ごめんふだ》を立《た》てる。写真《しゃしん》は平成《へいせい》29年十一月《ねんじゅういちがつ》場所《ばしょ》のもの。

江戸時代《えどじだい》の庶民《しょみん》にとって、「相撲」という文字《もじ》は難《むずか》しかったので、「すもう」と書《か》く時《とき》には、「角力」という文字《もじ》を使《つか》うことが一般的《いっぱんてき》だった。以後《いご》、この慣習《かんしゅう》は、昭和時代初期《しょうわじだいしょき》まで続《つづ》いた。

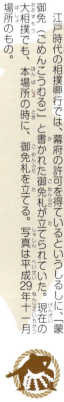

相撲《すもう》のしくみが整《ととの》えられる

　江戸時代前半《えどじだいぜんはん》には、次第《しだい》に相撲《すもう》のしくみが整備《せいび》されました。土《つち》をつめた俵《たわら》を置《お》いて境界線《きょうかいせん》をつくること（土俵《どひょう》）、決《き》まり手《て》を決めるとともに禁《きん》じ手《て》（反則《はんそく》）をはっきりさせることのほか、相撲《すもう》が昔《むかし》の相撲節会《すまいのせちえ》の伝統《でんとう》を受《う》けた格式高《かくしきたか》いものであることを示《しめ》すための作法《さほう》を取《と》り入《い》れました。

　また、相撲部屋《すもうべや》や、それを運営《うんえい》する年寄《としより》（親方《おやかた》）のシステムが生《う》まれていきました。

江戸時代《えどじだい》には、まだ、女性《じょせい》は相撲《すもう》を見物《けんぶつ》できなかったのだ。

“横綱《よこづな》”誕生《たんじょう》

　江戸時代前期《えどじだいぜんき》までに、大関《おおぜき》、関脇《せきわけ》、小結《こむすび》という力士《りきし》の階級《かいきゅう》ができました。最高《さいこう》の地位《ちい》は大関《おおぜき》でした。江戸時代中期《えどじだいちゅうき》、大坂《おおさか》で、優《すぐ》れた力士《りきし》が黒《くろ》と白《しろ》の綱《つな》をより合《あ》わせた「横綱《よこづな》」を巻《ま》くことがはやります。その後《ご》、谷風《たにかぜ》と小野川《おのがわ》という力士《りきし》が、白《しろ》い綱《つな》をしめ、注連縄《しめなわ》につける紙垂《しで》（いなずま形《がた》の紙《かみ》）を下《さ》げて土俵入《どひょうい》りをしたところ、大評判《だいひょうばん》となりました。この時《とき》の土俵入《どひょうい》りは、1度《ど》だけの特別《とくべつ》な企画《きかく》として行《おこな》われたものでしたが、後《のち》に、人気《にんき》と実力《じつりょく》のある力士《りきし》が「横綱《よこづな》」土俵入《どひょうい》りをするようになり、やがて、「横綱《よこづな》」は、大関《おおぜき》より上《うえ》の階級《かいきゅう》をさすようになりました。

　ただし、「横綱《よこづな》」が階級《かいきゅう》として、はっきり番付《ばんづけ》に書《か》かれたのは、明治時代《めいじじだい》になってからです。

「見立《みた》て番付《ばんづけ》」、盛《も》り上《あ》がる

　番付《ばんづけ》（番付表《ばんづけひょう》）は、江戸時代中期《えどじだいちゅうき》に登《とう》場《じょう》しました。

　当時《とうじ》の最高位《さいこうい》だった大関《おおぜき》を始《はじ》めとして、力士《りきし》のランキングがひと目《め》でわかる番付表《ばんづけひょう》は、庶民《しょみん》におもしろがられ、役者《やくしゃ》や芸人《げいにん》の人気番付《にんきばんづけ》、おいしいものや名所《めいしょ》の番付《ばんづけ》など、さまざまなランキングが番《ばん》付形式《づけけいしき》で楽《たの》しまれました。

　このような番付《ばんづけ》を「見立《みた》て番付《ばんづけ》」といいます。

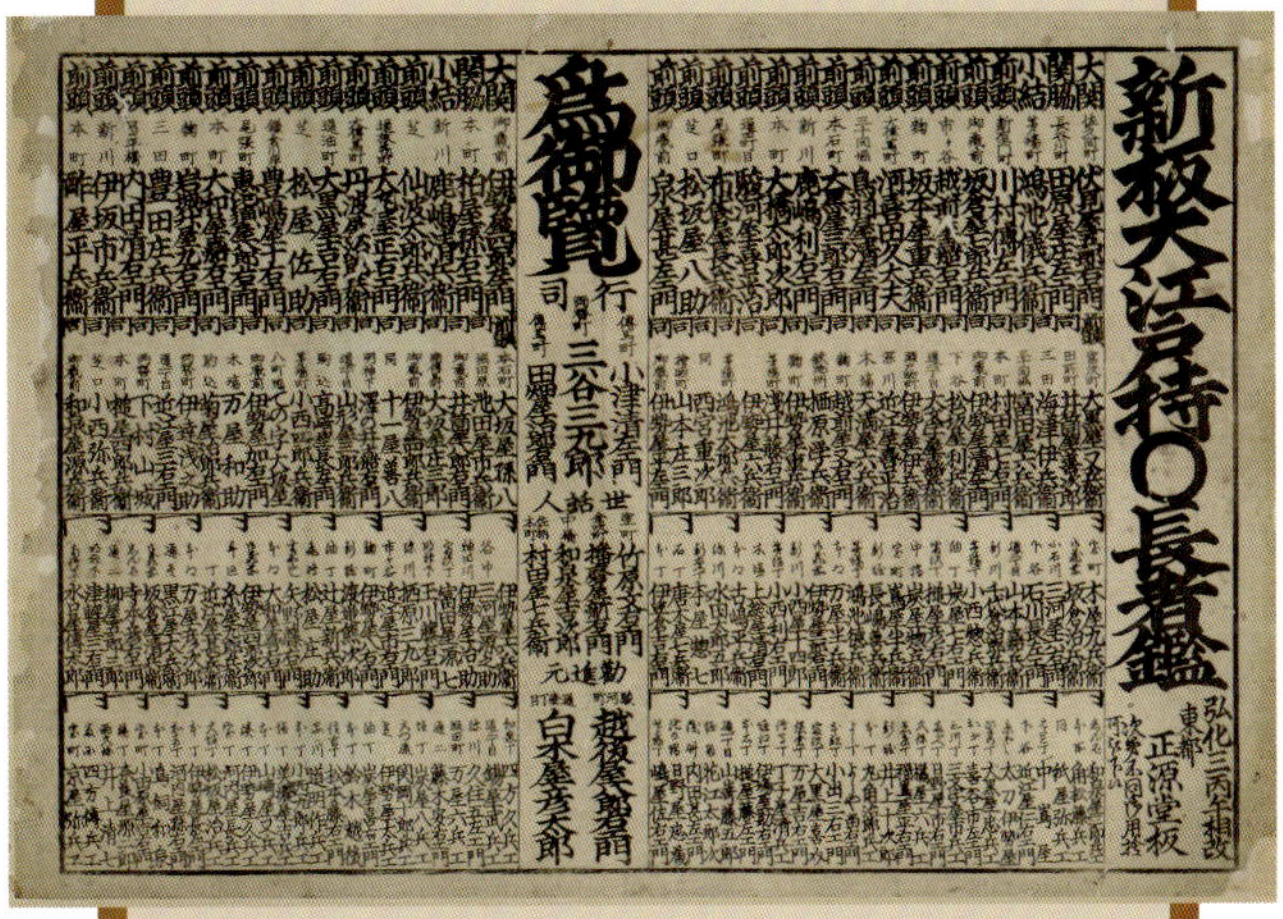

新板大江戸持○長者鑑

為御覧

　江戸時代《えどじだい》の見立《みた》て番付《ばんづけ》のひとつ。江戸《えど》の長者《ちょうじゃ》（金持《かねも》ち）のランキングを示《しめ》したもの。

「新板大江戸持○長者鑑」　都立中央図書館特別文庫室所蔵

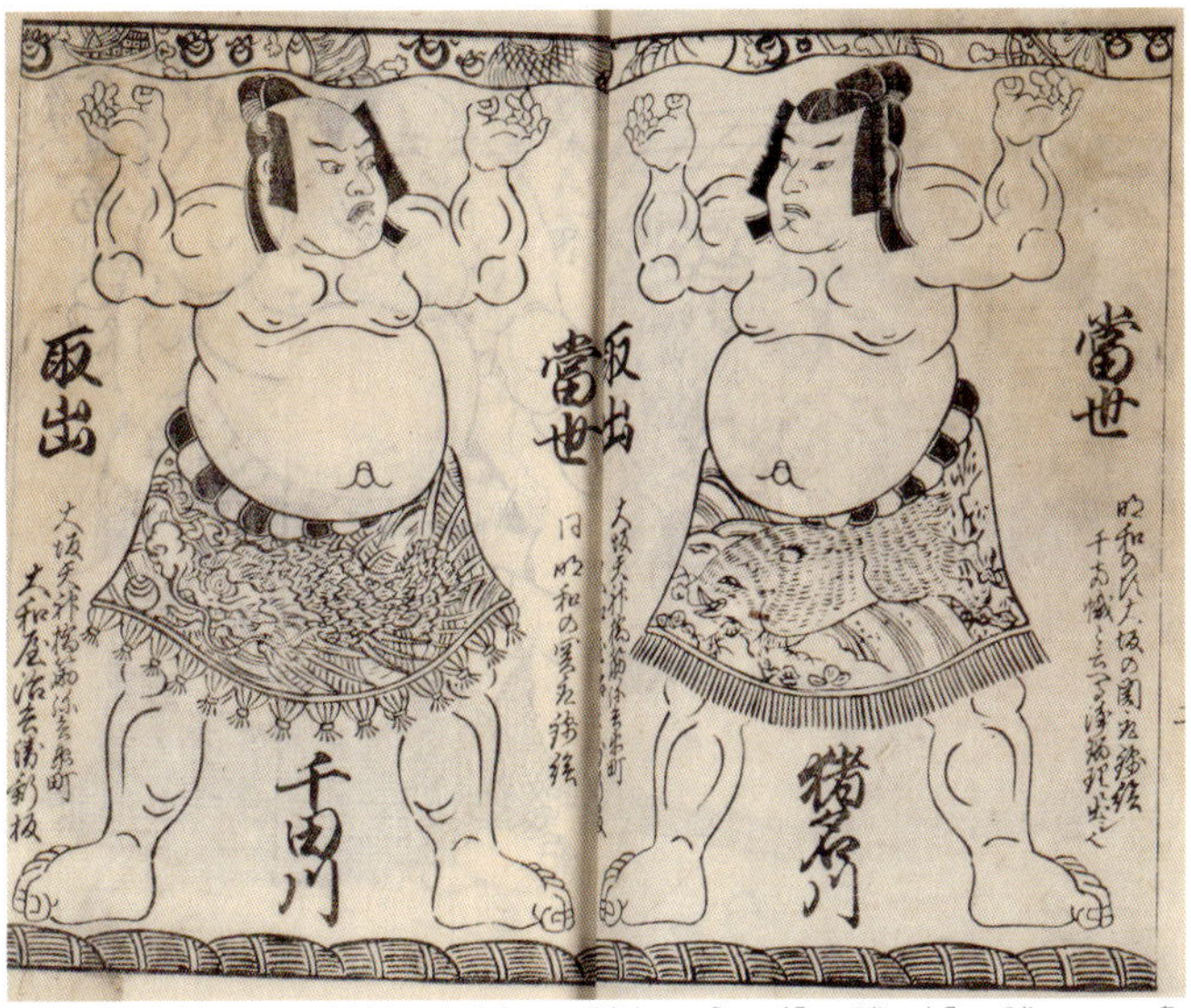

　18世紀半《せいきなか》ばに、大坂《おおさか》で活躍《かつやく》した力士《りきし》の絵《え》。黒《くろ》い綱《つな》と白《しろ》い綱《つな》をより合《あ》わせた綱《つな》を巻《ま》いている。

『力競表裏　相撲取組図会』　写真／日本相撲協会

江戸時代《えどじだい》の力士《りきし》の多《おお》くは、有力《ゆうりょく》な大名《だいみょう》がスポンサーになっていた。力士《りきし》は、大名家《だいみょうけ》の屋敷《やしき》への出入《でい》りを許《ゆる》されて化粧《けしょう》まわしをもらえた。さらに地位《ちい》が上《あ》がった力士《りきし》は、扶持米《ふちまい》（給与《きゅうよ》としてたまわる米《こめ》）ももらえた。

明治《めいじ》、大正《たいしょう》、そして昭和《しょうわ》へ

文明開化《ぶんめいかいか》、関東大震災《かんとうだいしんさい》、昭和《しょうわ》の金融恐慌《きんゆうきょうこう》、太平洋戦争《たいへいようせんそう》と、時代《じだい》は大《おお》きく変化《へんか》していきました。

明治時代《めいじじだい》の大相撲《おおずもう》の様子《ようす》。梅ヶ谷《うめがたに》と常陸山《ひたちやま》という横綱同士《よこづなどうし》の取組《とりくみ》。　写真／日本相撲協会

〝国技《こくぎ》〟として意識《いしき》された相撲《すもう》

明治時代《めいじじだい》になると、相撲《すもう》は、野蛮《やばん》であるとして禁止《きんし》されそうになりましたが、次第《しだい》に持《も》ち直《なお》し、明治天皇《めいじてんのう》の天覧相撲《てんらんずもう》が行《おこな》われるまでになりました。東京《とうきょう》、大阪《おおさか》、京都《きょうと》で興行《こうぎょう》が行《おこな》われていましたが、東京《とうきょう》では、明治《めいじ》22（1889）年《ねん》に、東京大角力協会《とうきょうおおずもうきょうかい》が発足《ほっそく》しました。

明治《めいじ》42（1909）年《ねん》、東京《とうきょう》の両国《りょうごく》に、天候《てんこう》に関係《かんけい》なく興行《こうぎょう》ができる施設《しせつ》が建《た》てられました。この時《とき》、施設《しせつ》の『初興行披露状《はつこうぎょうひろうじょう》』に、文士《ぶんし》の江《え》見水蔭《みすいいん》が書《か》いた「角力《すもう》は日本《にっぽん》の国技《こくぎ》である」という言葉《ことば》から、この建物《たてもの》は「国技館《こくぎかん》」と名づけられました。相撲《すもう》が、日本《にっぽん》の国《くに》を代表《だいひょう》する競技《きょうぎ》であると意識《いしき》されるようになったのは、この時《とき》からです。この機会《きかい》に、幕内《まくうち》の取組《とりくみ》に、東西《どうざい》でたたかって、団体優勝《だんたいゆうしょう》を決《き》めるやり方《かた》が取《と》り入《い》れられました。優勝《ゆうしょう》した方《ほう》には優勝旗《ゆうしょうき》が授《さず》けられ、次《つぎ》の場所《ばしょ》は東方《ひがしかた》になりました。また、新聞社《しんぶんしゃ》の提案《ていあん》によって、最高《さいこう》の成績《せいせき》の力士《りきし》を表彰《ひょうしょう》し、国技館内《こくぎかんない》に写真《しゃしん》の額《がく》をかかげる制度《せいど》が始《はじ》まりました。

東京《とうきょう》・両国《りょうごく》に完成《かんせい》した国技館《こくぎかん》（現在《げんざい》、旧国技館《きゅうこくぎかん》と呼《よ》ばれるもの）。ドーム状《じょう》の屋根《やね》を持《も》ち、1万《まん》3000人《にん》の観客《かんきゃく》を収容《しゅうよう》できた。　写真／日本相撲協会

明治時代《めいじじだい》には、ほとんどの人《ひと》がまげを切《き》り、はだかでいることは、ほとんどなくなった。はだかにまわしだけの相撲《すもう》は野蛮《やばん》だといわれることもあったが、政府高官《せいふこうかん》の助言《じょげん》もあって、はだかやまげはそのままでよいことになった。

大日本相撲協会《だいにほんすもうきょうかい》ができる

東西対抗制度《とうざいたいこうせいど》や最高成績力士《さいこうせいせきりきし》の表彰《ひょうしょう》のしくみができると、勝敗《しょうはい》をはっきりつけようとする気運《きうん》が高《たか》まり、それまで多《おお》かった引《ひ》き分《わ》けなどは減《へ》っていきました。また取組《とりくみ》にスピードが出《で》るようになり、近代的《きんだいてき》なスポーツの面《めん》が出《で》てきました。

大正《たいしょう》12（1923）年《ねん》、関東大震災《かんとうだいしんさい》が起《お》こり、国技館《こくぎかん》が焼《や》けて、大相撲《おおずもう》は大《おお》きな痛手《いたで》を受《う》けました。その2年後《ねんご》に、皇太子《こうたいし》（後《のち》の昭和天皇《しょうわてんのう》）からの下賜金《かしきん》で優勝賜杯《ゆうしょうしはい》（当初《とうしょ》は『摂政宮賜杯《せっしょうのみやしはい》』）がつくられ、個人優勝制度《こじんゆうしょうせいど》が正式《せいしき》に協会《きょうかい》の主催《しゅさい》となり、大正《たいしょう》14（1925）年《ねん》に大日本相撲協会《だいにほんすもうきょうかい》が生《う》まれました。これを機会《きかい》に、相撲《すもう》の団体統合《だんたいとうごう》の動《うご》きが進《すす》み、昭和《しょうわ》2（1927）年《ねん》に、別団体《べつだんたい》だった大阪角力協会《おおさかすもうきょうかい》が合併《がっぺい》し、すべての団体《だんたい》がひとつにまとまりました。

ラジオ放送《ほうそう》、始《はじ》まる

大日本相撲協会《だいにほんすもうきょうかい》は、大相撲《おおずもう》の本場所《ほんばしょ》を、それまでの年《ねん》2回《かい》から年《ねん》4回《かい》に増《ふ》やしました。

昭和《しょうわ》3（1928）年《ねん》には、大相撲《おおずもう》のラジオ放送《ほうそう》が始《はじ》まり、日本中《にっぽんじゅう》にファンが拡大《かくだい》します。また、仕切《しき》りに制限時間《せいげんじかん》が設《もう》けられ、仕切《しき》り線《せん》が引《ひ》かれるようになりました。

昭和《しょうわ》5（1930）年《ねん》には、勝負検査役《しょうぶけんさやく》（現在《げんざい》の勝負審判《しょうぶしんぱん》）を、4本《ほん》の柱《はしら》の下《した》から土俵下《どひょうした》に移動《いどう》させ、観客《かんきゃく》から取組《とりくみ》を見《み》やすくしました。また、昭和《しょうわ》6（1931）年《ねん》には、それまで二重《にじゅう》だった土俵《どひょう》を一重《いちじゅう》にし、取《と》り組《く》む円《えん》の直径《ちょっけい》が約《やく》60㎝（2尺《しゃく》）長《なが》くなりました。

力士《りきし》ら待遇改善《たいぐうかいぜん》を要求《ようきゅう》。双葉山《ふたばやま》、連勝続《れんしょうつづ》く

昭和《しょうわ》7（1932）年《ねん》、待遇《たいぐう》の改善《かいぜん》をうったえる力士《りきし》たちが協会《きょうかい》を脱退《だったい》するという事件《じけん》が起《お》こりました（春秋園事件《しゅんじゅうえんじけん》）。脱退《だったい》した力士《りきし》たちが、大阪《おおさか》に関西角力協会《かんさいすもうきょうかい》をつくった影響《えいきょう》で、本場所《ほんばしょ》は年《ねん》2回《かい》にもどりました。（関西角力協会《かんさいすもうきょうかい》は、昭和《しょうわ》12年《ねん》に解散《かいさん》）

ちょうどこのころ、双葉山《ふたばやま》の連勝《れんしょう》が始《はじ》まり、昭和《しょうわ》11年《ねん》から昭和《しょうわ》14年《ねん》まで勝《か》ち続《つづ》けて、大相撲《おおずもう》は空前《くうぜん》の人気《にんき》を誇《ほこ》りました。この間《かん》に本場所《ほんばしょ》の日数《にっすう》が11日間《にちかん》から13日間《にちかん》になり、さらに15日間《にちかん》になりました。

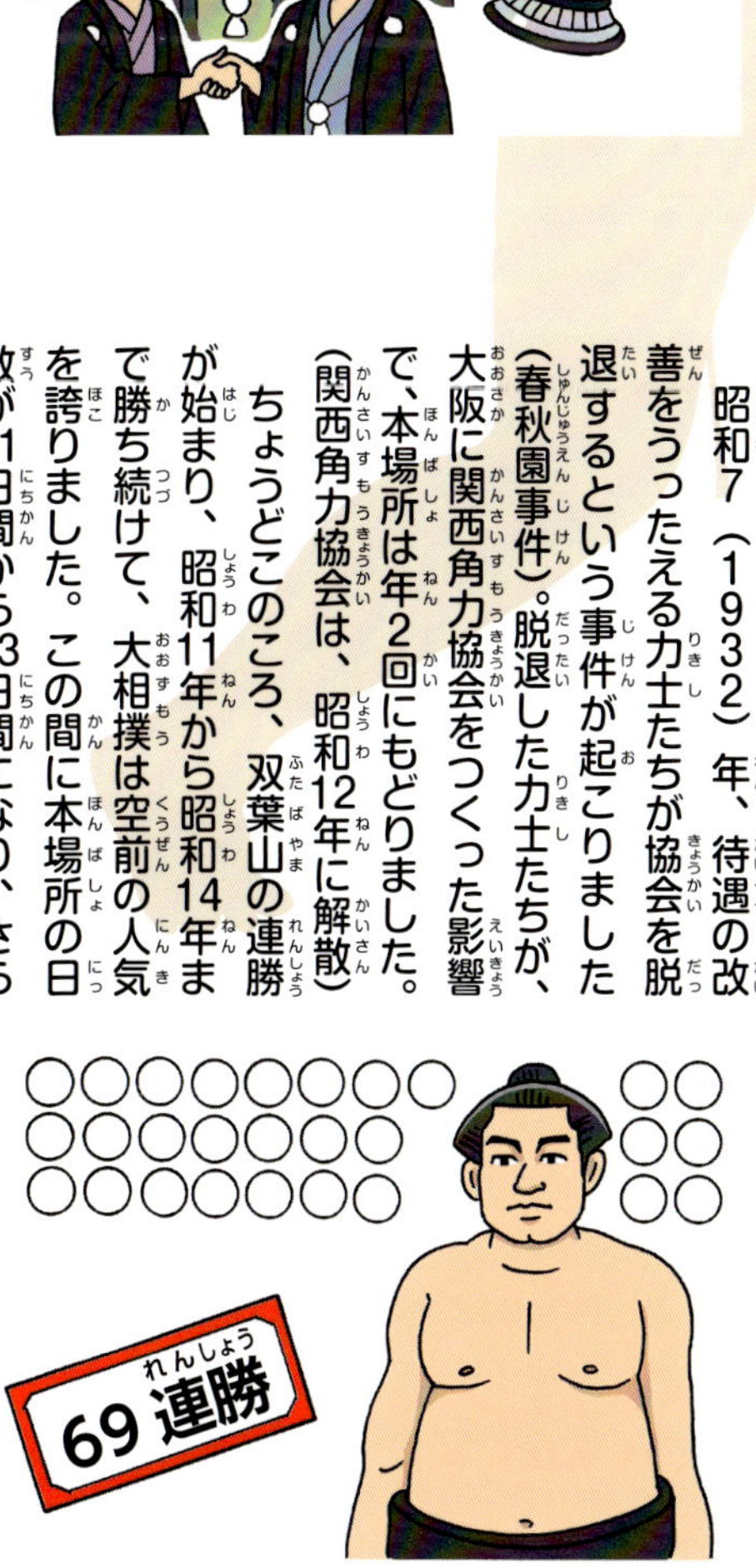

戦争《せんそう》の影響《えいきょう》を受《う》ける

昭和《しょうわ》16（1941）年《ねん》12月《がつ》に始《はじ》まった太平洋戦争《たいへいようせんそう》は、大相撲《おおずもう》にも影響《えいきょう》をあたえます。兵士《へいし》として召集《しょうしゅう》され、戦場《せんじょう》に向《む》かう力士《りきし》もいました。

戦争《せんそう》が激《はげ》しくなった昭和《しょうわ》19（1944）年《ねん》には、陸軍《りくぐん》が国技館《こくぎかん》を利用《りよう》することになったため、本場所《ほんばしょ》は、後楽園球場《こうらくえんきゅうじょう》で行《おこな》われました。

翌年《よくねん》3月《がつ》の東京大空襲《とうきょうだいくうしゅう》では、国技館《こくぎかん》や多《おお》くの相撲部屋《すもうべや》が焼《や》けました。この年《とし》の五月場所《ごがつばしょ》は、6月《がつ》に延期《えんき》され、非公開《ひこうかい》の形《かたち》で開催《かいさい》されました。

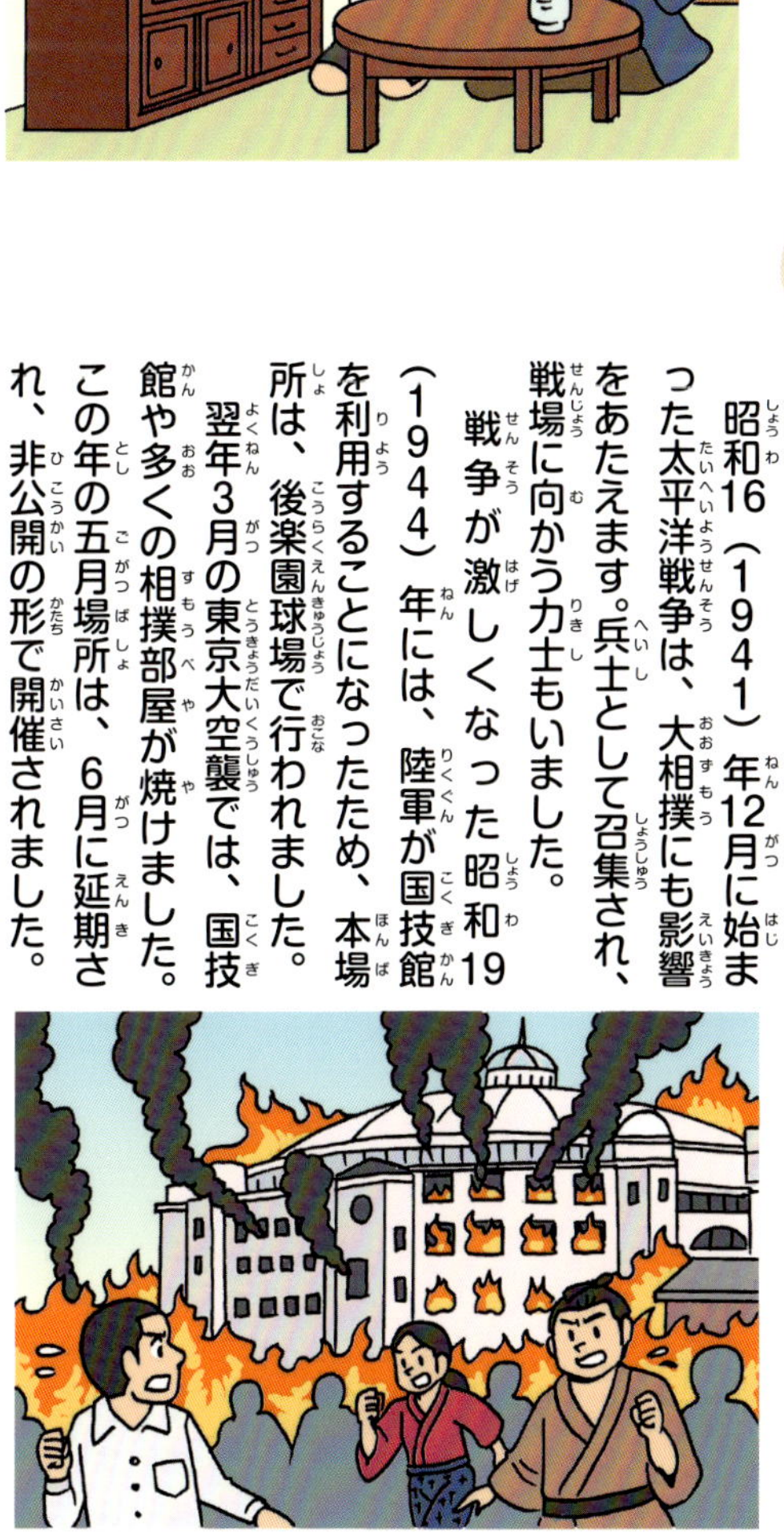

東京《とうきょう》・両国《りょうごく》の国技館《こくぎかん》の盛況《せいきょう》ぶりを見《み》て、浅草《あさくさ》、大阪《おおさか》、名古屋《なごや》、横浜《よこはま》、熊本《くまもと》などにも相撲《すもう》の常設館《じょうせつかん》が建《た》てられた。大阪《おおさか》には、大正《たいしょう》8（1919）年《ねん》に、大阪国技館《おおさかこくぎかん》が、昭和《しょうわ》12（1937）年《ねん》に、両国国技館《りょうごくこくぎかん》より大《おお》きい大阪大国技館《おおさかだいこくぎかん》ができた。

相撲《すもう》の歴史《れきし》⑥

昭和《しょうわ》時代《じだい》後期《こうき》の相撲《すもう》

さまざまな改革《かいかく》が進《すす》み、国民《こくみん》から人気《にんき》が高《たか》まりました。

蔵前国技館《くらまえこくぎかん》ができる

昭和《しょうわ》20（1945）年《ねん》に戦争《せんそう》が終《お》わり、日本《にっぽん》は、アメリカなどの連合国《れんごうこく》に占領《せんりょう》されました。荒《あ》れはてた国土《こくど》の復興《ふっこう》とともに、大相撲《おおずもう》も、新《あたら》しい時代《じだい》へと歩《あゆ》み始《はじ》めました。

両国《りょうごく》の国技館《こくぎかん》は、連合国《れんごうこく》に接収《せっしゅう》されたため、大相撲《おおずもう》の本場所《ほんばしょ》は、各地《かくち》を転々《てんてん》として行《おこな》われました。そんななか、昭和《しょうわ》24（1949）年《ねん》に、東京《とうきょう》の蔵前《くらまえ》に新《あたら》しい国技館《こくぎかん》の建設《けんせつ》が始《はじ》まり、翌年《よくねん》から仮設国技館《かせつこくぎかん》として興行《こうぎょう》が行《おこな》われました。

昭和《しょうわ》29（1954）年《ねん》に完成《かんせい》した蔵前国技館《くらまえこくぎかん》。昭和《しょうわ》59（1984）年《ねん》まで東京《とうきょう》の本場所《ほんばしょ》は、ここで開催《かいさい》された。

写真／毎日新聞社

蔵前国技館《くらまえこくぎかん》での大相撲《おおずもう》の興行《こうぎょう》の様子《ようす》（昭和《しょうわ》29年初場所《ねんはつばしょ》）。大相撲《おおずもう》の人気《にんき》が高《たか》まり、大入《おおい》り満員《まんいん》だった。

写真／毎日新聞社

次々《つぎつぎ》と行《おこな》われた改革《かいかく》

戦後《せんご》、人気回復《にんきかいふく》とファンへのサービスのため、さまざまな改革《かいかく》が行《おこな》われました。

昭和《しょうわ》22（1947）年《ねん》には、優勝決定戦《ゆうしょうけっていせん》や三賞《さんしょう》（殊勲《しゅくん》・敢闘《かんとう》・技能《ぎのう》の各賞《かくしょう》）が取《と》り入《い》れられ、東西対抗制《とうざいたいこうせい》だった対戦《たいせん》は、一門系統別総当《いちもんけいとうべつそうあ》たり制《せい》になりました。昭和《しょうわ》24（1949）年《ねん》からは、一場所《ひとばしょ》15日制《にちせい》が定着《ていちゃく》しました。昭和《しょうわ》25（1950）年《ねん》には横綱審議委員会《よこづなしんぎいいんかい》ができ、仕切《しき》りの制限《せいげん》時間《じかん》が現在《げんざい》と同《おな》じになりました。昭和《しょうわ》24（1949）年《ねん》から昭和《しょうわ》33年《ねん》（1958）までに、大阪《おおさか》、福岡《ふくおか》、名古屋《なごや》での本場所《ほんばしょ》の開催《かいさい》が始《はじ》まり、年間《ねんかん》6場所制《ばしょせい》になりました。さらに昭和《しょうわ》40（1965）年《ねん》には、対戦《たいせん》が、現在《げんざい》と同《おな》じ部屋別総当《へやべつそうあ》たり制《せい》となりました。

大相撲《おおずもう》も、新《あたら》しい時代《じだい》に合《あ》わせたスタイルに変《か》わったのだ。

一門系統別総当《いちもんけいとうべつそうあ》たり制《せい》とは、同《おな》じ一門《いちもん》（部屋《へや》の師匠同士《ししょうどうし》が同部屋出身《どうべやしゅっしん》など、親戚《しんせき》のような関係《かんけい》で成《な》り立《た》つことが多《おお》い）の部屋《へや》の力士《りきし》と対戦《たいせん》しない制度《せいど》。それまでの東西対抗制《とうざいたいこうせい》より、新《あたら》しい組《く》み合《あ》わせの対戦《たいせん》が見《み》られるようになった。

テレビ中継《ちゅうけい》、始《はじ》まる

昭和《しょうわ》28（1953）年《ねん》に、テレビでの大相撲《おおずもう》の中継《ちゅうけい》が始《はじ》まりました。中継《ちゅうけい》が見《み》やすいように、その前《まえ》の年《とし》に、土俵《どひょう》の上《うえ》の屋根《やね》を支《ささ》える四本柱《よんほんばしら》がなくなり、つり屋根《やね》に変《か》わります。当時《とうじ》テレビは手《て》の届《とど》かない高級品《こうきゅうひん》でしたが、昭和《しょうわ》30年代《ねんだい》には広《ひろ》まり、多《おお》くの国民《こくみん》が、迫力《はくりょく》ある対戦《たいせん》を楽《たの》しむことができるようになりました。

昭和《しょうわ》30年代《ねんだい》には、栃錦《とちにしき》、若乃花《わかのはな》（初代《しょだい》）の両《りょう》横綱《よこづな》が活躍《かつやく》し、人気《にんき》を集《あつ》めました。昭和《しょうわ》30年代《ねんだい》後半《こうはん》から40年代前半《ねんだいぜんはん》にかけては、横綱《よこづな》・大鵬《たいほう》が32回《かい》の優勝《ゆうしょう》を達成《たっせい》します。子《こ》どもの好《す》きなものとして、「巨人《きょじん》・大鵬《たいほう》・卵焼《たまごや》き」と言《い》われるように、大相撲《おおずもう》が、国民《こくみん》の代表的《だいひょうてき》な娯楽《ごらく》のひとつとして定着《ていちゃく》しました。

大相撲《おおずもう》のテレビ中継《ちゅうけい》のようす（昭和《しょうわ》34年《ねん》）。このころは、ＮＨＫのほか、民放各局《みんぽうかくきょく》も大相撲《おおずもう》を放送《ほうそう》していた。

写真／毎日新聞社

国技館《こくぎかん》、再《ふたた》び両国《りょうごく》へ

その後《ご》も、人気力士《にんきりきし》が登場《とうじょう》し、アメリカなど、外国出身《がいこくしゅっしん》の力士《りきし》も活躍《かつやく》するようになりました。

大相撲《おおずもう》の関係者《かんけいしゃ》にとって、もともと国技館《こくぎかん》があった両国《りょうごく》に国技館《こくぎかん》を建《た》てることは、長年《ながねん》の悲願《ひがん》でした。その願《ねが》いが実現《じつげん》し、昭和《しょうわ》60（1985）年一《ねんいち》月場所《がつばしょ》からは、両国《りょうごく》に新《あたら》しくできた国技館《こくぎかん》で東京《とうきょう》の本場所《ほんばしょ》が行《おこな》われ、現在《げんざい》にいたっています。

両国国技館《りょうごくこくぎかん》。昭和《しょうわ》60（1985）年《ねん》に完成《かんせい》した。地上《ちじょう》3階地下《かいちか》2階《かい》建《だ》てで、収容人数《しゅうようにんずう》は1万《まん》1098人《にん》。

写真／日本相撲協会

相撲《すもう》が大好《だいす》きだった昭和天皇《しょうわてんのう》

昭和天皇《しょうわてんのう》（1901～1989）は、相撲《すもう》が好《す》きで、子《こ》どものころは自分《じぶん》でもよく取《と》っていたといいます。天皇《てんのう》になってからは、相撲観戦《すもうかんせん》にたびたび国技館《こくぎかん》を訪《おとず》れました。蔵前《くらまえ》と両国《りょうごく》の国技館《こくぎかん》へは、合計《ごうけい》40回《かい》も足《あし》を運《はこ》び、好取組《こうとりくみ》では、身《み》を乗《の》り出《だ》すようにして観戦《かんせん》しました。テレビでも、よく観戦《かんせん》していたそうです。

12歳《さい》、皇太子時代《こうたいしじだい》の昭和天皇《しょうわてんのう》（右《みぎ》）。相撲《すもう》を取《と》っている。

写真／毎日新聞社

国技館《こくぎかん》の土俵《どひょう》は、地下《ちか》に納《おさ》めることができ、吊《つ》り屋根《やね》は天井近《てんじょうちか》くまで上《あ》げることができる。また、マス席《せき》の一部《いちぶ》も移動《いどう》できる。本場所《ほんばしょ》がない時《とき》は、ボクシングなどのスポーツや、コンサート、式典《しきてん》などに利用《りよう》できる。

現在《げんざい》の大相撲《おおずもう》

外国出身力士《がいこくしゅっしんりきし》のめざましい活躍《かつやく》が見《み》られます。また、災害後《さいがいご》の復興《ふっこう》を願《ねが》う催《もよお》しなども行《おこな》われています。

たくさんの相撲《すもう》ファンでいっぱいの両国国技館《りょうごくこくぎかん》。昭和時代《しょうわじだい》の終《お》わりから平成《へいせい》まで、何度《なんど》も相撲《すもう》ブームといわれる時期《じき》があった。

写真／日本相撲協会

平成《へいせい》、外国出身力士《がいこくしゅっしんりきし》の活躍《かつやく》。新《あたら》しい時代《じだい》の相撲《すもう》へ。

土俵《どひょう》の大《おお》きさを変《か》えたり、屋根《やね》の柱《はしら》をなくしたりしたのも、思《おも》い切《き》った改革《かいかく》であった。進化《しんか》は続《つづ》く！

　昭和時代《しょうわじだい》の終《お》わりごろから外国出身《がいこくしゅっしん》の力士《りきし》が増《ふ》えました。平成《へいせい》に入《はい》ると、外国出身《がいこくしゅっしん》の初《はじ》めての横綱《よこづな》、曙《あけぼの》（アメリカ出身《しゅっしん》）が誕生《たんじょう》しました。その後《ご》、ブルガリア、エストニア、モンゴル、ジョージア、ブラジル、中国《ちゅうごく》など、さまざまな国《くに》から若者《わかもの》が来《き》て力士《りきし》として活躍《かつやく》しています。

　外国出身《がいこくしゅっしん》の力士《りきし》の中《なか》には、引退《いんたい》してから親方《おやかた》（年寄《としより》）になり、相撲部屋《すもうべや》をついで弟子《でし》を育成《いくせい》したり、協会《きょうかい》の仕事《しごと》をしたりする人《ひと》も出《で》てきています。

　ちがう文化《ぶんか》の中《なか》で育《そだ》った若者《わかもの》をむかえることによって、またその力士《りきし》たちの努力《どりょく》によって、日本《にっぽん》の文化《ぶんか》や伝統《でんとう》が再確認《さいかくにん》される機会《きかい》も多《おお》くあります。

　日本出身《にっぽんしゅっしん》、外国出身《がいこくしゅっしん》を問《と》わず、土俵《どひょう》では力士《りきし》たちによる熱《あつ》い取組《とりくみ》がくり広《ひろ》げられており、新《あたら》しい時代《じだい》の相撲《すもう》に続《つづ》いています。

新《あたら》しいものを取《と》り入《い》れて進化《しんか》する相撲《すもう》の「伝統《でんとう》」

　古《ふる》くからの伝統《でんとう》が受《う》けつがれている相撲《すもう》ですが、時代《じだい》やファンの求《もと》めるものに合《あ》わせて、時《とき》に大胆《だいたん》に進化《しんか》してきました。外国出身力士《がいこくしゅっしんりきし》の活躍《かつやく》もその一《ひと》つ。新《あたら》しいものを思《おも》い切《き》って取《と》り入《い》れていく姿勢《しせい》は、むしろ相撲《すもう》の伝統《でんとう》とも言《い》えるものです。

　特《とく》に思《おも》い切《き》った改革《かいかく》の一《ひと》つに、誤審《ごしん》の防止《ぼうし》のためのビデオ判定《はんてい》の導入《どうにゅう》もあります。相撲《すもう》では昭和《しょうわ》44（1969）年《ねん》に取《と》り入《い》れられましたが、テニスでは2005年《ねん》、柔道《じゅうどう》では2007年《ねん》、プロ野球《やきゅう》では2010年《ねん》。格段《かくだん》に早《はや》い試《こころ》みでした。

平成《へいせい》10年代半《ねんだいなか》ばから、モンゴルを始《はじ》めとする外国出身力士《がいこくしゅっしんりきし》の活躍《かつやく》が特《とく》にめざましい。平成《へいせい》18（2006）年三月場所《ねんさんがつばしょ》から、平成《へいせい》27（2015）年十一月場所《ねんじゅういちがつばしょ》までの約《やく》10年間《ねんかん》、幕内優勝《まくうちゆうしょう》は、ずっと外国出身力士《がいこくしゅっしんりきし》がしめていた。

国際化《こくさいか》する "SUMO"

相撲《すもう》は、海外《かいがい》では "SUMO" として知《し》られています。

海外《かいがい》での公演《こうえん》・巡業《じゅんぎょう》

力士《りきし》たちが、海外《かいがい》に招待《しょうたい》されて相撲《すもう》を見《み》せることがあります（海外公演《かいがいこうえん》）。また、興行《こうぎょう》主《ぬし》の主催《しゅさい》で、海外《かいがい》で行《おこな》う巡業《じゅんぎょう》を、海外巡業《かいがいじゅんぎょう》といいます。海外公演《かいがいこうえん》・海外巡業《かいがいじゅんぎょう》とも、日本《にっぽん》と開催国《かいさいこく》の友好《ゆうこう》を深《ふか》め、日本《にっぽん》の伝統《でんとう》である相撲《すもう》を広《ひろ》く世界《せかい》の人々《ひとびと》に知《し》ってもらうという目的《もくてき》があります。

平成《へいせい》25（2013）年《ねん》のジャカルタ巡業《じゅんぎょう》の様子《ようす》。 写真／日本相撲協会

大相撲《おおずもう》、これまでの海外公演《かいがいこうえん》

年《ねん》　月《げつ》	場《ば》　所《しょ》
昭和《しょうわ》40（1965）年《ねん》 7月《がつ》	旧《きゅう》ソ連《れん》
昭和《しょうわ》48（1973）年《ねん》 4月《がつ》	中《ちゅう》　国《ごく》
昭和《しょうわ》56（1981）年《ねん》 6月《がつ》	メキシコ
昭和《しょうわ》60（1985）年《ねん》 6月《がつ》	アメリカ
昭和《しょうわ》61（1986）年《ねん》10月《がつ》	フランス
平成《へいせい》 2（1990）年《ねん》 6月	ブラジル
平成《へいせい》 3（1991）年《ねん》10月《がつ》	イギリス
平成《へいせい》 7（1995）年《ねん》10月《がつ》	オーストリア、フランス
平成《へいせい》 9（1997）年《ねん》 6月《がつ》	オーストラリア
平成《へいせい》10（1998）年《ねん》 6月《がつ》	カナダ
平成《へいせい》16（2004）年《ねん》2月《がつ》	韓《かん》　国《こく》
平成《へいせい》16（2004）年《ねん》6月《がつ》	中《ちゅう》　国《ごく》
平成《へいせい》17（2005）年《ねん》10月《がつ》	アメリカ

※平成《へいせい》19（2007）年《ねん》イギリス公演《こうえん》が中止《ちゅうし》、平成《へいせい》25（2013）年《ねん》ロシア公演《こうえん》が延期《えんき》になっている。

五輪《ごりん》に向《む》けたイベント

2020年《ねん》の東京《とうきょう》オリンピック・パラリンピックをひかえ、相撲《すもう》に親《した》しんでもらうためのイベントも行《おこな》われています。海外《かいがい》の人《ひと》たちを招《まね》き、英語《えいご》の解説《かいせつ》を聞《き》きながら相撲《すもう》を観戦《かんせん》してもらうなど、相撲《すもう》への理解《りかい》を深《ふか》めてもらう試《こころ》みです。

「大相撲《おおずもう》 beyond《ビヨンド》2020 場所《ばしょ》」の様子《ようす》。マス席《せき》で、力士《りきし》と間近《まぢか》に接《せっ》する外国人《がいこくじん》。 写真／日本相撲協会

海外《かいがい》での相撲中継《すもうちゅうけい》

大相撲《おおずもう》の中継《ちゅうけい》は、NHKワールドTVを通《つう》じて、アジア、北《きた》アメリカ、ヨーロッパなどで放送《ほうそう》されています。生中継《なまちゅうけい》のほか、ダイジェスト番組《ばんぐみ》もあり、英語《えいご》で放送《ほうそう》されています。

その放送《ほうそう》によって、海外《かいがい》にも相撲《すもう》が知《し》られるようになり、ファンになる人《ひと》も増《ふ》えているようです。

海外巡業《かいがいじゅんぎょう》の歴史《れきし》は意外《いがい》に古《ふる》く、大正《たいしょう》3（1914）年《ねん》にハワイ巡業《じゅんぎょう》、大正《たいしょう》4（1915）年《ねん》にアメリカ巡業《じゅんぎょう》、大正《たいしょう》10（1921）年《ねん》にハワイ・アメリカ巡業《じゅんぎょう》が開催《かいさい》されている。ただし、当時《とうじ》の巡業《じゅんぎょう》は、部屋《へや》や一門《いちもん》が行《おこな》う小規模《しょうきぼ》なものだった。

名力士《めいりきし》たち①

伝説《でんせつ》の名力士《めいりきし》たち

江戸時代《えどじだい》から、明治《めいじ》、大正時代《たいしょうじだい》にかけて活躍《かつやく》した力士《りきし》たちです。

※説明文《せつめいぶん》のはじめの年代《ねんだい》は、生没年《せいぼつねん》。

事実上《じじつじょう》の〝初代《しょだい》〟横綱《よこづな》

谷風《たにかぜ》 梶之助《かじのすけ》

寛延《かんえん》3（1750）～寛政《かんせい》7（1795）年《ねん》。現在《げんざい》の宮城県仙台市《みやぎけんせんだいし》出身《しゅっしん》。第《だい》4代横綱《だいよこづな》とされますが、3代《だい》までは実在《じつざい》がはっきりしないので、実質的《じっしつてき》には初《はじ》めての横綱《よこづな》と考《かんが》えられます。8歳下《さいした》の第《だい》5代横綱《だいよこづな》・小野川《おのがわ》との対戦《たいせん》が人気《にんき》を呼《よ》びました。63連《れん》勝《しょう》の後《あと》、小野川《おのがわ》に敗《やぶ》れ、その後《ご》また43連勝《れんしょう》したという記録《きろく》があります。

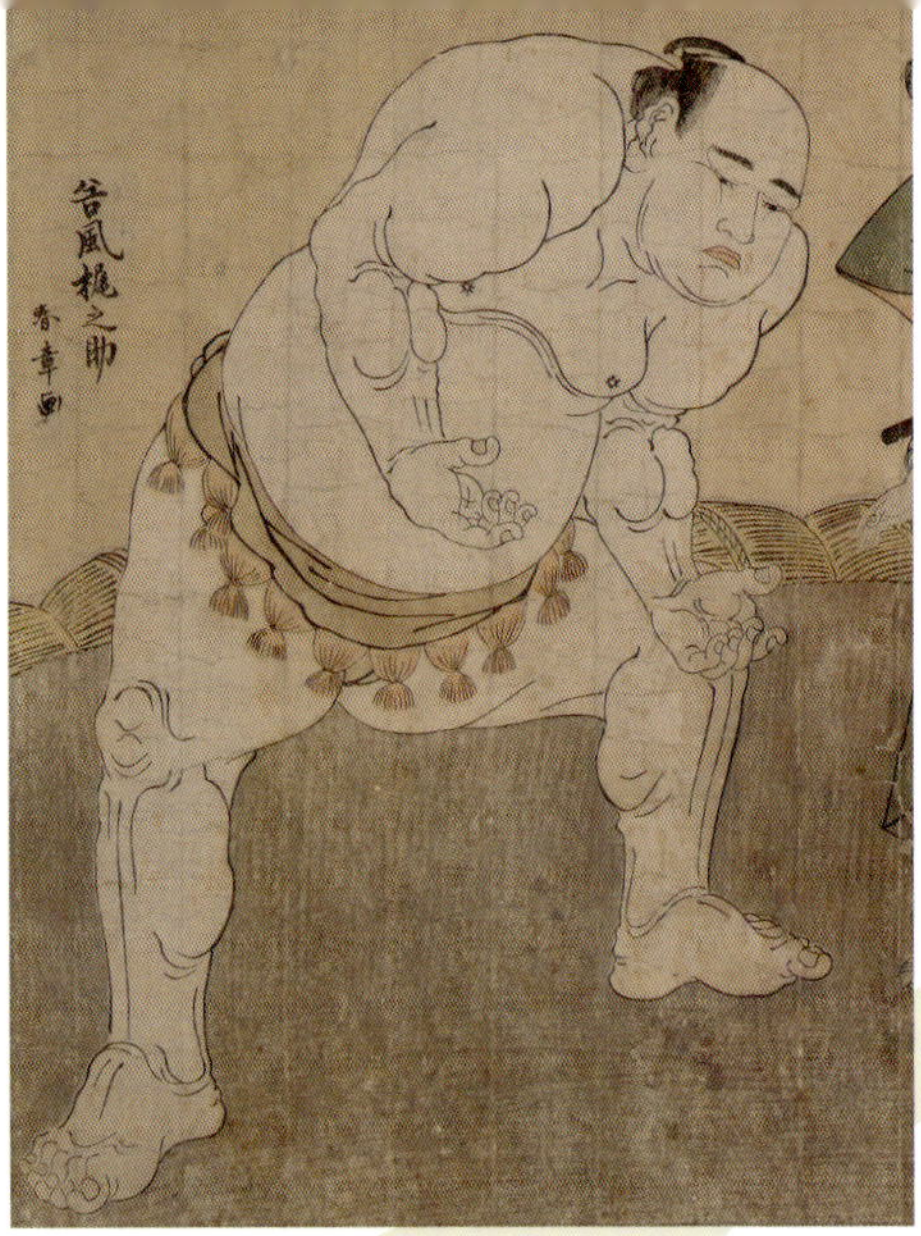
「谷風・小野川　立合の図」（部分）　写真／日本相撲協会

天下無双《てんかむそう》！異例《いれい》の怪力《かいりき》!!

雷電《らいでん》 為右衛門《ためえもん》

「雷電為右衛門」　写真／日本相撲協会

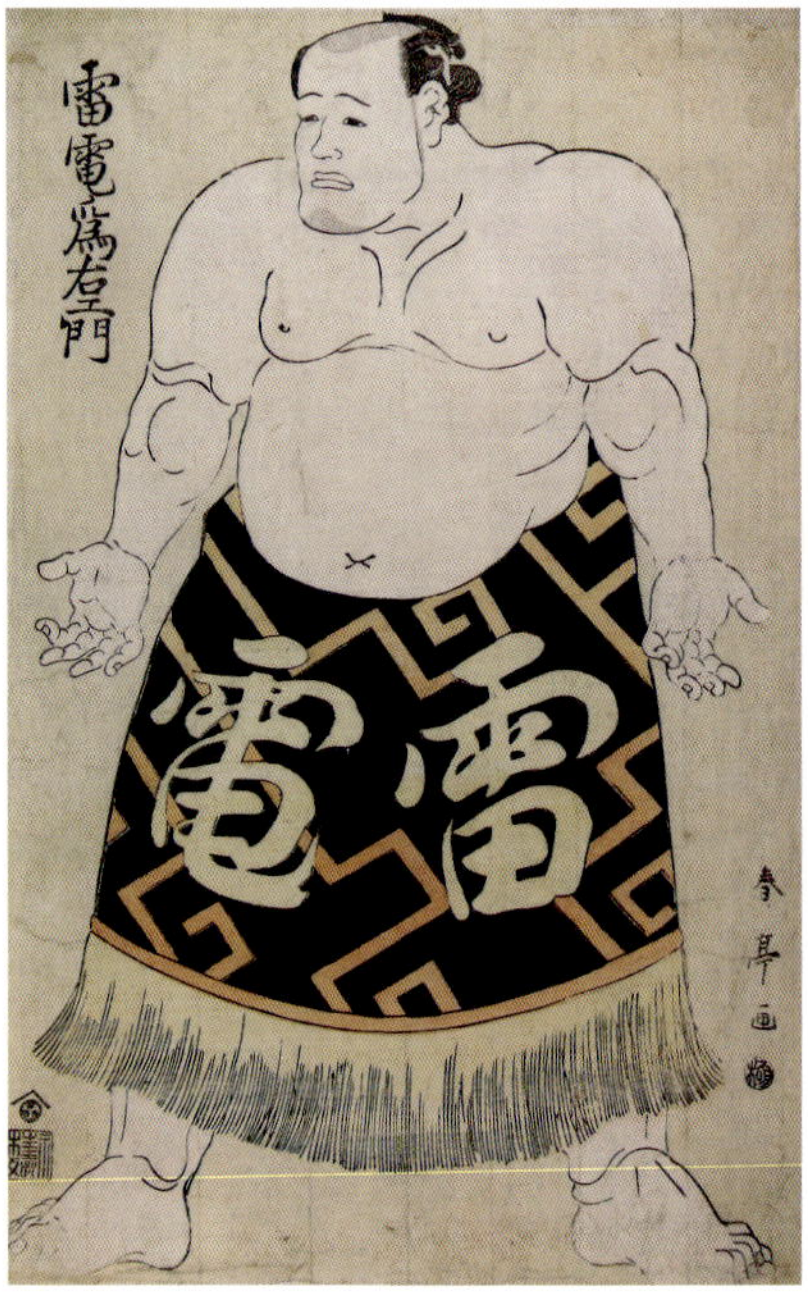

明和《めいわ》4（1767）～文政《ぶんせい》8（1825）年《ねん》。信濃《しなの》（長野県《ながのけん》）出身《しゅっしん》。松江藩《まつえはん》（島根県《しまねけん》）にめしかかえられていました。身長《しんちょう》197㎝、体重《たいじゅう》169㎏の体《からだ》に加《くわ》え、無類《むるい》の力《ちから》の強《つよ》さで、張《は》り手《て》を武器《ぶき》に活躍《かつやく》しました。幕内《まくうち》の通算勝率《つうさんりょうりつ》は9割《わり》6分《ぶ》2厘《りん》（96・2％）と、おどろくべき高《たか》さをほこります。しかし、大関《おおぜき》止《ど》まりで、横綱《よこづな》にはなっていません。その理由《りゆう》として、いろいろな説《せつ》がありますが、はっきりしません。

あまりの強《つよ》さに、かんぬきなどの技《わざ》を禁《きん》じられたという逸話《いつわ》もあるほどだ。

大相撲《おおずもう》を建《た》て直《なお》した

初代《しょだい》 梅ヶ谷《うめがたに》 藤太郎《とうたろう》

弘化《こうか》2（1845）～昭和《しょうわ》3（1928）年《ねん》。現在《げんざい》の福岡県朝倉市《ふくおかけんあさくらし》出身《しゅっしん》。第《だい》15代横綱《だいよこづな》。大阪相撲《おおさかずもう》では大関《おおぜき》まで上《のぼ》りながら、東京《とうきょう》に移《うつ》ると、また番付外《ばんづけがい》から始《はじ》めることになり、苦《く》労《ろう》がありました。つっぱりやはずおしを得意《とくい》とし、幕内《まくうち》では、116勝《しょう》する間《あいだ》に6敗《はい》しかしていません。58連勝《れんしょう》、35連勝《れんしょう》の記録《きろく》も残《のこ》しています。人格《じんかく》にも優《すぐ》れ、明治時代《めいじじだい》になっておとろえかけていた大相撲《おおずもう》を再建《さいけん》しました。

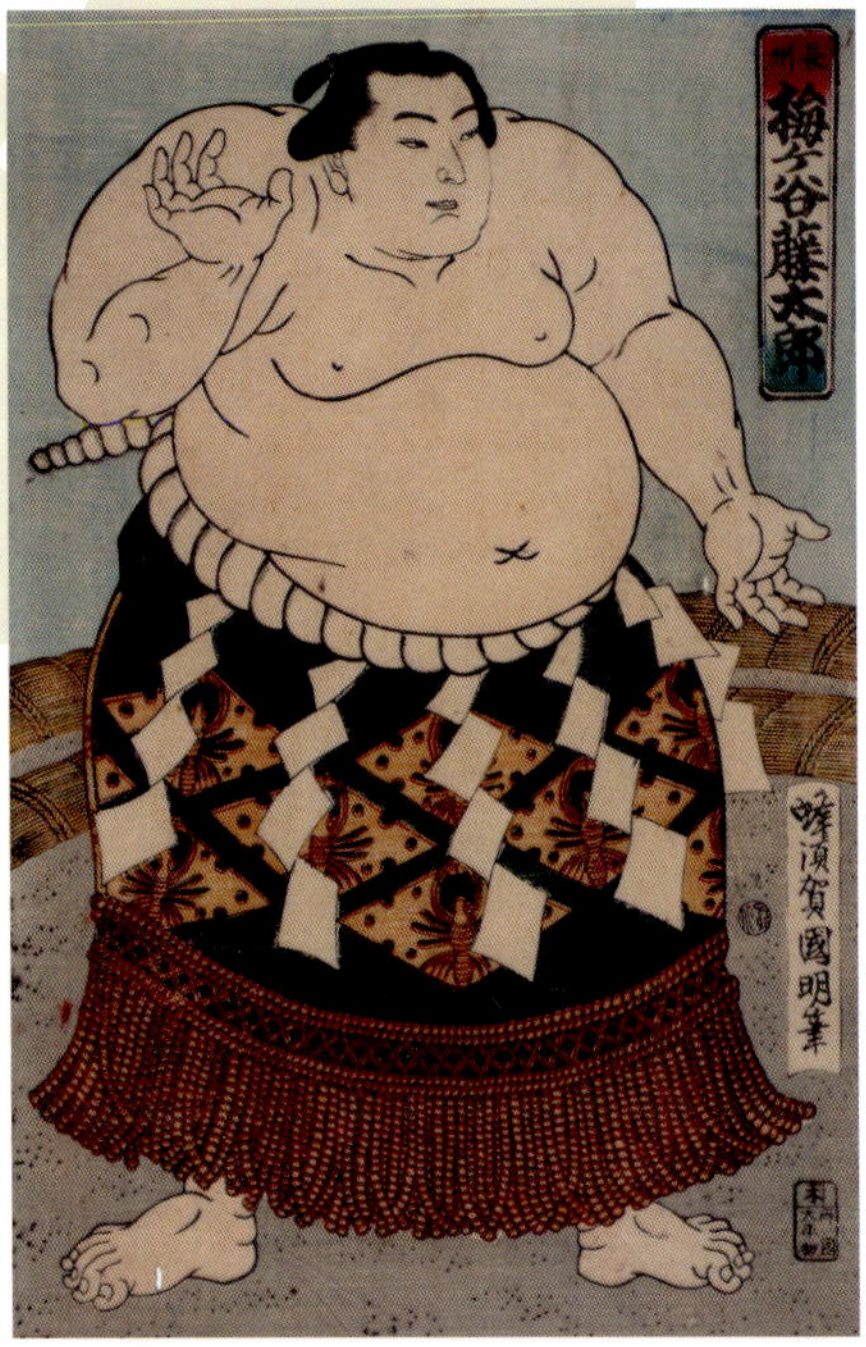
「梅ヶ谷藤太郎（初代）」　写真／日本相撲協会

第《だい》4代横綱《だいよこづな》の谷風《たにかぜ》は、地元仙台《じもとせんだい》で「わしが国《くに》さで見《み》せたいものは、むかしゃ谷風《たにかぜ》いま伊達模様《だてもよう》」と歌《うた》われるほど、郷土《きょうど》の英雄《えいゆう》としてしたわれている。仙台市《せんだいし》には、谷風《たにかぜ》の銅像《どうぞう》が建《た》てられた公園《こうえん》や、谷風通《たにかぜどお》りという愛称《あいしょう》の道路《どうろ》がある。

“角聖《かくせい》”と呼《よ》ばれた横綱《よこづな》

常陸山《ひたちやま》 谷右衛門《たにえもん》

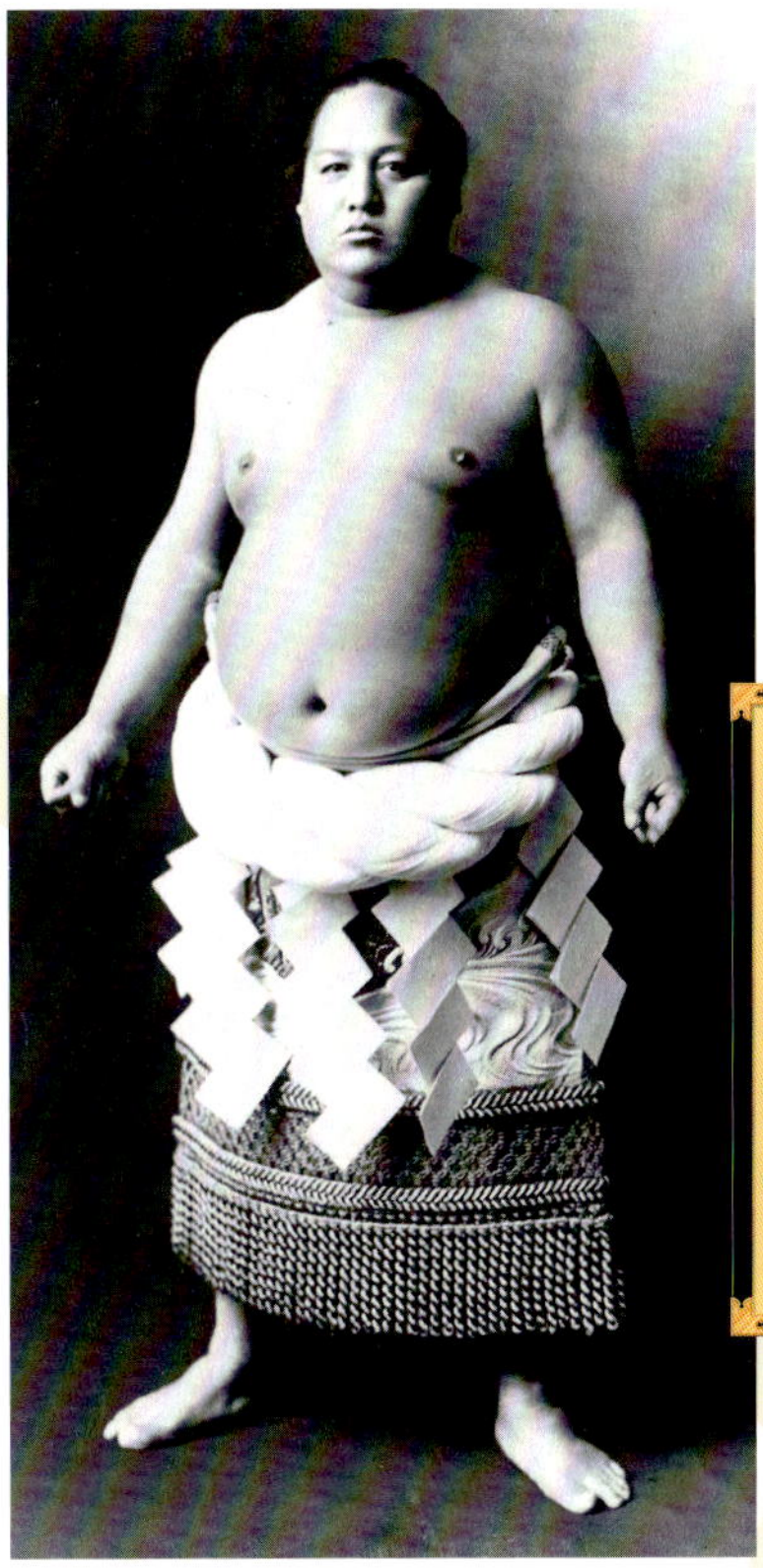

写真／日本相撲協会

明治《めいじ》7（1874）～大正《たいしょう》11（1922）年《ねん》。茨城県水戸市出身《いばらきけんみとししゅっしん》。第《だい》19代横綱《だいよこづな》。明治《めいじ》36（1903）年、二代《にだい》・梅ヶ谷《うめがたに》とともに横綱免許《よこづなめんきょ》を受《う》け、「梅常陸時代《うめひたちじだい》」と呼《よ》ばれる黄金時代《おうごんじだい》を築《きず》きました。人格《じんかく》、力量《りきりょう》ともに優《すぐ》れ、引退後《いんたいご》も大相撲《おおずもう》の近代化《きんだいか》につくしました。“角聖《かくせい》”とたたえられています。優勝《ゆうしょう》1回《かい》（最高成績力士表彰《さいこうせいせきりきしひょうしょう》の制度《せいど》ができる前《まえ》に活躍《かつやく》したため）。

「梅常陸時代《うめひたちじだい》」を築《きず》く

二代《にだい》 梅ヶ谷《うめがたに》 藤太郎《とうたろう》

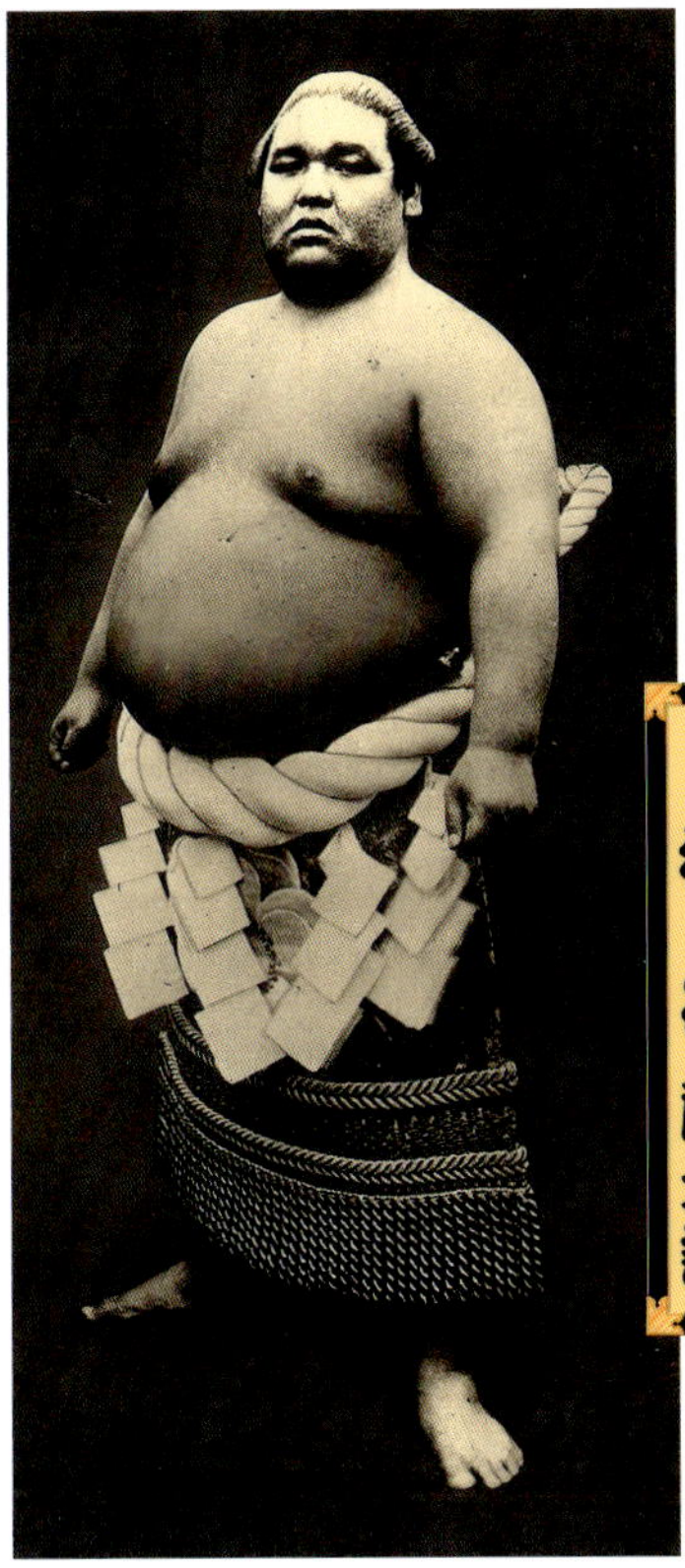

写真／日本相撲協会

明治《めいじ》11（1878）～昭和《しょうわ》2（1927）年《ねん》。富山県富山市出身《とやまけんとやましゅっしん》。第《だい》20代横綱《だいよこづな》。12歳《さい》で入門《にゅうもん》し、周囲《しゅうい》から徹底《てってい》した英才教育《えいさいきょういく》を受《う》けて力《ちから》をのばしました。身長《しんちょう》168㎝と小柄《こがら》でしたが、12年間《ねんかん》にわたって横綱《よこづな》をつとめました。24歳《さい》6か月《げつ》の横綱昇進《よこづなしょうしん》は、当時《とうじ》の最年少記録《さいねんしょうきろく》でした。

“四十五日《しじゅうごにち》”で相手《あいて》を圧倒《あっとう》

太刀山《たちやま》 峰右衛門《みねえもん》

写真／日本相撲協会

明治《めいじ》10（1877）～昭和《しょうわ》16（1941）年《ねん》。富山県富山市出身《とやまけんとやましゅっしん》。第《だい》22代横綱《だいよこづな》。大関《おおぜき》・横綱《よこづな》では、8年間《ねんかん》に5敗《はい》しかしていません。43連勝《れんしょう》の後《あと》1敗《ぱい》し、その後《ご》56連勝《れんしょう》しています。つっぱりが強烈《きょうれつ》で、一《ひと》つき半《はん》で十分相手《じゅうぶんあいて》を土俵《どひょう》から出《だ》せるので、「一月半《ひとつきはん》」にかけて“四十五日《しじゅうごにち》”といわれました。優勝《ゆうしょう》9回《かい》。

いさぎよい引《ひ》き際《ぎわ》

栃木山《とちぎやま》 守也《もりや》

明治《めいじ》25（1892）～昭和《しょうわ》34（1959）年《ねん》。栃木県栃木市出身《とちぎけんとちぎししゅっしん》。第《だい》27代《だい》横綱《よこづな》。序ノ口《じょのくち》からわずか8場所《ばしょ》で入幕《にゅうまく》し、大正《たいしょう》5（1914）年夏場所《ねんなつばしょ》では、横綱《よこづな》・太刀山《たちやま》の連勝《れんしょう》を56で止《と》めました。小柄《こがら》ですが、するどい出足《であし》とはずおしで相手《あいて》を一気《いっき》に土俵《どひょう》から出《だ》す相撲《すもう》を取《と》り、単《たん》なる“力比《ちからくら》べ”でない相撲《すもう》を生《う》み出《だ》した人《ひと》といわれます。大関《おおぜき》から横綱《よこづな》にかけて5場所連続優勝《ばしょれんぞくゆうしょう》、その後《ご》、3場所連続《ばしょれんぞく》優勝《ゆうしょう》したまま引退《いんたい》しました。優勝《ゆうしょう》9回《かい》。

写真／日本相撲協会

第《だい》19代横綱《だいよこづな》の常陸山《ひたちやま》は、横綱時代《よこづなじだい》の明治《めいじ》40（1907）年《ねん》に、アメリカにわたった。当時《とうじ》のセオドア・ルーズベルト大統《だいとう》領《りょう》に会見《かいけん》し、ホワイトハウスで横綱土俵入《よこづなどひょうい》りを紹介《しょうかい》した。

名力士《めいりきし》たち②

※説明文《せつめいぶん》のはじめの年代《ねんだい》は、生没年《せいぼつねん》。

昭和《しょうわ》前《ぜん》・中期《ちゅうき》の横綱《よこづな》たち

今《いま》も語《かた》りつがれる偉大《いだい》な横綱《よこづな》たちです。

写真／日本相撲協会

派手《はで》な相撲《すもう》で人気《にんき》に

常ノ花《つねのはな》 寛市《かんいち》

明治《めいじ》29（1896）～昭和《しょうわ》35（1960）年《ねん》。岡山県岡山市出身《おかやまけんおかやましゅっしん》。第31代横綱《だいだいよこづな》。常陸山《ひたちやま》（→19ページ）にあこがれて入門《にゅうもん》し、その指導《しどう》を受《う》けました。けいこ熱心《ねっしん》でもあり、強《つよ》くなりました。櫓投《やぐらな》げや上手投《うわてな》げを得意《とくい》とし、取《と》り口《くち》に派手《はで》さがありました。親方《おやかた》としては、安藝ノ海《あきのうみ》、千代の山《ちよのやま》、2人の横綱《よこづな》を育《そだ》てました。優勝《ゆうしょう》10回《かい》。

写真／日本相撲協会

空前絶後《くうぜんぜつご》の連勝記録《れんしょうきろく》

双葉山《ふたばやま》 定次《さだじ》

明治《めいじ》45（1912）～昭和《しょうわ》43（1968）年《ねん》。大分県宇佐市出身《おおいたけんうさしゅっしん》。第35代横綱《だいだいよこづな》。昭和《しょうわ》11（1936）年《ねん》から昭和《しょうわ》14（1939）年《ねん》にかけての69連勝《れんしょう》は、いまだに破《やぶ》られない大記録《だいきろく》です。その間《かん》に、前頭三枚目《まえがしらさんまいめ》から横綱《よこづな》までかけ上《あ》がりました。15場所《ばしょ》のうち、12回優勝《かいゆうしょう》しています。そのうち8回《かい》が全勝優勝《ぜんしょうゆうしょう》です。立合《たちあ》いでは決《けっ》して「待《ま》った」をせずに受《う》けて立《た》ち、最後《さいご》には自分《じぶん》の型《かた》に持《も》ちこむ、堂々《どうどう》とした相撲《すもう》を取《と》りました。

写真／日本相撲協会

戦後《せんご》の日本《にっぽん》に希望《きぼう》をもたらした

羽黒山《はぐろやま》 政司《まさじ》

大正《たいしょう》3（1914）～昭和《しょうわ》44（1969）年《ねん》。新潟県新潟市出身《にいがたけんにいがたしゅっしん》。第36代横綱《だいだいよこづな》。序ノ口《じょのくち》から十両《じゅうりょう》まで各段《かくだん》で優勝《ゆうしょう》してすべて1場所《ばしょ》で通過《つうか》しました。その後《ご》も順調《じゅんちょう》に昇進《しょうしん》し、初土俵《はつどひょう》から17場所《ばしょ》で横綱《よこづな》になりました。昭和《しょうわ》20（1945）年秋場所《ねんあきばしょ》からは4場所連続優勝《ばしょれんぞくゆうしょう》し、敗戦後《はいせんご》の日本《にっぽん》を元気《げんき》づけました。優勝《ゆうしょう》7回《かい》。

昭和《しょうわ》22（1947）年夏場所《ねんなつばしょ》から優勝決定戦《ゆうしょうけっていせん》が始《はじ》まった（それまでは、勝《か》ち数《すう》が同《おな》じ場合《ばあい》は上位力士《じょういりきし》が優勝《ゆうしょう》）。その最初《さいしょ》の場所《ばしょ》で、横綱羽黒山《よこづなはぐろやま》、大関前田山《おおぜきまえだやま》、大関東富士《おおぜきあずまふじ》、前頭《まえがしら》8枚目力道山《まいめりきどうざん》が同点《どうてん》となり、羽黒山《はぐろやま》が優勝《ゆうしょう》した。

「土俵《どひょう》の鬼《おに》」とおそれられた

初代《しょだい》 若乃花《わかのはな》 幹士《かんじ》

昭和《しょうわ》3（1928）～平成《へいせい》22（2010）年《ねん》。青森県弘前市《あおもりけんひろさきし》出身《しゅっしん》。第《だい》45代横綱《だいよこづな》。若《わか》いころの労働《ろうどう》できたえられた強《つよ》い足腰《あしこし》で、土俵際《どひょうぎわ》に追《お》いこまれてもねばり強《づよ》く残《のこ》しました。小柄《こがら》ながら、豪快《ごうかい》な上手投《うわてな》げや呼《よ》び戻《もど》しなどの大技《おおわざ》で、大《おお》きな力士《りきし》をたおしました。精神力《せいしんりょく》が強《つよ》く、その闘志《とうし》から「土俵《どひょう》の鬼《おに》」といわれました。栃錦《とちにしき》と多《おお》くの名勝負《めいしょうぶ》をくり広《ひろ》げ、「栃若時代《とちわかじだい》」を築《きず》きました。優勝《ゆうしょう》は10回《かい》。

写真／日本相撲協会

多彩《たさい》な技師《わざし》から名人横綱《めいじんよこづな》へ

栃錦《とちにしき》 清隆《きよたか》

大正《たいしょう》14（1925）～平成《へいせい》2（1990）年《ねん》。東京都江戸川区《とうきょうとえどがわく》出身《しゅっしん》。第《だい》44代横綱《だいよこづな》。内掛《うちが》け、出《だ》し投《な》げ、二枚蹴《にまいげ》り、たすき反《ぞ》りなど多彩《たさい》な技《わざ》をくり出《だ》し、9回《かい》も技能賞《ぎのうしょう》を受賞《じゅしょう》しています。上位《じょうい》に進《すす》んでからは正攻法《せいこうほう》の相撲《すもう》を取《と》るようになり、名人横綱《めいじんよこづな》といわれました。引退後《いんたいご》は春日野理事長《かすがのりじちょう》として、現在《げんざい》の両国国技館竣工《りょうごくこくぎかんしゅんこう》を成《な》しとげました。優勝《ゆうしょう》10回《かい》。

「柏鵬時代《はくほうじだい》」の一翼《いちょく》

柏戸《かしわど》 剛《つよし》

昭和《しょうわ》13（1938）～平《へい》成《せい》8（1996）年《ねん》。山形《やまがた》県鶴岡市《けんつるおかし》出身《しゅっしん》。第《だい》47代横《だいよこ》綱《づな》。速攻《そっこう》で、土俵《どひょう》を一気《いっき》に走《はし》るスピードのある相撲《すもう》を取《と》りました。昭《しょう》和《わ》36年《ねん》に大鵬《たいほう》と同時《どうじ》に横綱《よこづな》に昇進《しょうしん》しました。大鵬《たいほう》との手《て》に汗《あせ》にぎる勝《しょう》負《ぶ》は、ファンをわき立《た》たせ、「柏鵬時代《はくほうじだい》」と呼《よ》ばれました。大鵬《たいほう》との直接《ちょくせつ》の対戦成績《たいせんせいせき》は16勝《しょう》21敗《ぱい》とせっていますが、けがに泣《な》くこともあり、通算《つうさん》の優勝回数《ゆうしょうかいすう》では大《おお》きな差《さ》があります。優勝《ゆうしょう》5回《かい》。

写真／毎日新聞社

堂々《どうどう》の優勝《ゆうしょう》32回《かい》!!

大鵬《たいほう》 幸喜《こうき》

昭和《しょうわ》15（1940）～平《へい》成《せい》25（2013）年《ねん》。北海《ほっかい》道弟子屈町《どうてしかがちょう》出身《しゅっしん》。第《だい》48代横《だいよこ》綱《づな》。21歳《さい》3か月《げつ》と、当時最年少《とうじさいねんしょう》で横綱《よこづな》に昇進《しょうしん》しました。優勝《ゆうしょう》32回《かい》（6場所連続優勝《ばしょれんぞくゆうしょう》2回《かい》、全勝優勝《ぜんしょうゆうしょう》8回《かい》をふくむ）、45連勝《れんしょう》1回《かい》、34連勝《れんしょう》2回《かい》など、数々《かずかず》の記録《きろく》を打《う》ち立《た》てました。やわらかい足腰《あしこし》や堅実《けんじつ》な取《と》り口《くち》で、〝負《ま》けない相撲《すもう》〟を取《と》りました。

「栃若時代《とちわかじだい》」は、昭和《しょうわ》20年代後半《ねんだいこうはん》から昭和《しょうわ》30年代前半《ねんだいぜんはん》に当《あ》たる。大相撲《おおずもう》がテレビ中継《ちゅうけい》されるようになった時代《じだい》で、栃錦《とちにしき》と若乃花《わかのはな》の対戦《たいせん》は、日本中《にっぽんじゅう》の多《おお》くの人《ひと》の注目《ちゅうもく》を集《あつ》め、相撲人気《すもうにんき》を大《おお》きくおし上《あ》げた。

名力士《めいりきし》たち③

昭和後期《しょうわこうき》の名力士《めいりきし》たち

主《おも》に、昭和《しょうわ》40年代《ねんだい》以降《いこう》、昭和時代《しょうわじだい》の後半《こうはん》に活躍《かつやく》した力士《りきし》たちです。

※説明文《せつめいぶん》のはじめの年代《ねんだい》は、生没年《せいぼつねん》。

写真／毎日新聞社

ライバルは玉《たま》の海《うみ》

北《きた》の富士《ふじ》 勝昭《かつあき》

昭和《しょうわ》17（1942）年《ねん》～。北海道旭川市出身《ほっかいどうあさひかわししゅっしん》。第《だい》52代横綱《だいよこづな》。出世《しゅっせ》は早《はや》くありませんでしたが、十両《じゅうりょう》のころから速攻相撲《そっこうずもう》を身《み》につけて昇進《しょうしん》しました。大関《おおぜき》で連続優勝《れんぞくゆうしょう》し、昭和《しょうわ》45（1970）年《ねん》に玉《たま》の海《うみ》と共《とも》に横綱《よこづな》になりました。NHKの相撲中継《すもうちゅうけい》の解説者《かいせつしゃ》としても好評《こうひょう》を得《え》ています。優勝《ゆうしょう》10回《かい》。

早過《はやす》ぎた最期《さいご》

玉《たま》の海《うみ》 正洋《まさひろ》

昭和《しょうわ》19（1944）～昭和《しょうわ》46（1971）年《ねん》。愛知県蒲《あいちけんがま》郡市出身《ごおりししゅっしん》。第《だい》51代横綱《だいよこづな》。しっかりした右四《みぎよ》つの型《かた》は安定感《あんていかん》抜群《ばつぐん》で、双葉山《ふたばやま》の再来《さいらい》といわれました。北《きた》の富士《ふじ》との「北《きた》玉時代《たまじだい》」が大《おお》きく花開《はなひら》こうとしていましたが、現役中《げんえきちゅう》の昭《しょう》和《わ》46（1971）年《ねん》に、病気《びょうき》で亡《な》くなりました。優勝《ゆうしょう》6回《かい》。

外国出身《がいこくしゅっしん》で初《はじ》めての関取《せきとり》

高見山《たかみやま》 大五郎《だいごろう》

昭和《しょうわ》19（1944）年《ねん》～。アメリカ・ハワイ州出身《しゅうしゅっしん》。外国人《がいこくじん》としては初《はじ》めて関取《せきとり》（十両《じゅうりょう》以上《いじょう》）になりました。食《た》べ物《もの》も習慣《しゅうかん》も異《こと》なる国《くに》の、まして独特《どくとく》のしきたりも多《おお》い相撲《すもう》の世《せ》界《かい》で、「目《め》から汗《あせ》が出《で》た」の名言通《めいげんどお》り「しんぼうと努力《どりょく》」を胸《むね》に活躍《かつやく》します。陽気《ようき》な性格《せいかく》と人柄《ひとがら》のよさから人気《にんき》を集《あつ》めました。大《おお》きな体《からだ》とパワーを生《い》かした相撲《すもう》が持《も》ち味《あじ》で、昭和《しょうわ》47（1972）年七月場所《ねんしちがつばしょ》では、外国人力士《がいこくじんりきし》として初《はじ》めて幕内優勝《まくうちゆうしょう》をはたしました。幕内在位《まくうちざいい》97場所《ばしょ》（3位《い》）、幕内連続出場《まくうちれんぞくしゅつじょう》1231回《かい》（1位《い》）などの記録《きろく》もあります。優勝《ゆうしょう》1回《かい》。

写真／毎日新聞社

軽量《けいりょう》に泣《な》いた名大関《めいおおぜき》

貴《たか》ノ花《はな》 利彰《としあき》

写真／日本相撲協会

昭和《しょうわ》25（1950）～平成《へいせい》17（2005）年《ねん》。青森県弘前市《あおもりけんひろさきし》出身《しゅっしん》。初代《しょだい》・若乃花《わかのはな》の弟《おとうと》。軽量《けいりょう》ながら、足腰《あしこし》の驚異的《きょういてき》なねばりによる全力相撲《ぜんりょくずもう》で、館内《かんない》をわかせました。昭和《しょうわ》47（1972）年《ねん》に、輪島《わじま》と同時《どうじ》に大関《おおぜき》に昇《しょう》進《しん》、さらに横綱《よこづな》にとの期待《きたい》がありましたが、ついに横綱《よこづな》にはなれませんでした。大関《おおぜき》を50場所《ばしょ》もつとめ、炎《ほのお》の大関《おおぜき》といわれました。優勝《ゆうしょう》2回《かい》。

輪島《わじま》と北《きた》の湖《うみ》の「輪湖時代《りんこじだい》」は、2人の名勝負《めいしょうぶ》がくり広《ひろ》げられた。昭和《しょうわ》50（1975）～昭和《しょうわ》53（1978）年《ねん》は、15場所連《ばしょれん》続《ぞく》して千秋楽結《せんしゅうらくむす》びの一番《いちばん》が2人の対戦《たいせん》だった。44回《かい》の対戦《たいせん》のうち、3度《ど》も水入《みずい》りになっている。

写真／日本相撲協会

天下一《てんかいち》の“黄金《おうごん》の左《ひだり》”

輪島《わじま》 大士《ひろし》

昭和《しょうわ》23（1948）年《ねん》〜。石川県七尾市《いしかわけんななおし》出身《しゅっしん》。第54代横綱《だいよこづな》。日本大学相撲部《にほんだいがくすもうぶ》で、2年連続学生横綱《ねんれんぞくがくせいよこづな》になり、大相撲《おおずもう》に入門《にゅうもん》しました。左《ひだり》を差《さ》しての下手投《したてな》げが強烈《きょうれつ》で、“黄《おう》金《ごん》の左《ひだり》”といわれました。順調《じゅんちょう》に出世《しゅっせ》し、学生《がくせい》相撲出身者《すもうしゅっしんしゃ》として唯一《ゆいいつ》の横綱《よこづな》になりました。北《きた》の湖《うみ》との熱戦《ねっせん》が多《おお》く、この時期《じき》は、「輪湖時代《りんこじだい》」と呼《よ》ばれます。優勝《ゆうしょう》14回《かい》。

写真／日本相撲協会

憎《にく》らしいほど強《つよ》い大横綱《だいよこづな》

北《きた》の湖《うみ》 敏満《としみつ》

昭和《しょうわ》28（1953）〜平成《へいせい》27（2015）年《ねん》。北海道壮瞥町出身《ほっかいどうそうべつちょうしゅっしん》。第55代横綱《だいよこづな》。十両《じゅうりょう》、幕内入《まくうちい》り、三役入《さんやくい》り、横綱昇進《よこづなしょうしん》を、すべて当時《とうじ》の最年少《さいねんしょう》の記録《きろく》ではたしました。21歳《さい》2か月《げつ》での横綱昇進《よこづなしょうしん》は大鵬《たいほう》を上回《うわまわ》り、いまだに破《やぶ》られていません。全盛期《ぜんせいき》の相撲《すもう》は盤石《ばんじゃく》で、「憎《にく》らしいほど強《つよ》い」といわれました。通算勝《つうさんか》ち星《ぼし》951、横綱在位《よこづなざいい》63場《ば》所《しょ》、年間最多勝利《ねんかんさいたしょうり》82、5場所連続優勝《ばしょれんぞくゆうしょう》、幕《まく》内連続《うちれんぞく》50場所《ばしょ》勝《か》ちこしなど、数々《かずかず》の立派《りっぱ》な成績《せいせき》を上《あ》げています。優勝《ゆうしょう》24回《かい》。

写真／日本相撲協会

小《ち》さな大横綱《だいよこづな》、ウルフ

千代《ちよ》の富士《ふじ》 貢《みつぐ》

昭和《しょうわ》30（1955）〜平成《へいせい》28（2016）年《ねん》。北海道福島町出身《ほっかいどうふくしまちょうしゅっしん》。第58代横綱《だいよこづな》。精悍《せいかん》な顔《かお》つきから「ウルフ」と呼《よ》ばれました。強《つよ》い足腰《あしこし》、柔軟《じゅうなん》さ、瞬発力《しゅんぱつりょく》に加《くわ》え、筋肉《きんにく》トレーニングできたえた筋力《きんりょく》を武器《ぶき》に、右前《ひだりまえ》まわしを引《ひ》いての速攻《そっこう》を得意《とくい》としました。通算勝《つうさんか》ち星《ぼし》1045、53連勝《れんしょう》、優勝《ゆうしょう》31回《かい》などの記録《きろく》を持《も》ちます。その優《すぐ》れた成績《せいせき》により、平成元《へいせいがん》（1989）年《ねん》に、相撲界《すもうかい》では初《はつ》の国民栄誉賞《こくみんえいよしょう》を受賞《じゅしょう》しました。

苦《くる》しみにたえて横綱《よこづな》に

隆《たか》の里《さと》 俊英《としひで》

昭和《しょうわ》27（1952）〜平成《へいせい》23（2011）年《ねん》。青森県青森《あおもりけんあおもり》市出身《ししゅっしん》。第59代横綱《だいよこづな》。幕下《まくした》のころから糖尿病《とうにょうびょう》のために成績《せいせき》がのびず苦《くる》しみましたが、食事療法《しょくじりょうほう》で克服《こくふく》し、初土俵《はつどひょう》から91場《ば》所《しょ》をかけて、横綱《よこづな》に昇進《しょうしん》しました。その経歴《けいれき》から、苦《くる》しみにたえるドラマの主人公《しゅじんこう》になぞらえて「おしん横綱《よこづな》」と呼《よ》ばれました。腕力《わんりょく》が強《つよ》く、「ポパイ」ともいわれました。優勝《ゆうしょう》4回《かい》。

写真／日本相撲協会

昭和《しょうわ》58（1983）年七月場所《ねんしちがつばしょ》から翌年一月場所《よくねんいちがつばしょ》まで、4場所続《ばしょつづ》けて千代《ちよ》の富士《ふじ》と隆《たか》の里《さと》が、同《おな》じ勝《か》ち星《ぼし》（相星《あいぼし》）で千秋楽《せんしゅうらく》結《むす》びの一番《いちばん》で優勝《ゆうしょう》をかけた対戦《たいせん》をした。中《なか》でも昭和《しょうわ》58年九月場所《ねんくがつばしょ》は、19年《ねん》ぶりの全勝同士《ぜんしょうどうし》の対決《たいけつ》だった。

名力士《めいりきし》たち④

※説明文《せつめいぶん》のはじめの年代《ねんだい》は、生年《せいねん》。

平成《へいせい》の横綱《よこづな》たち

平成《へいせい》になると、外国出身《がいこくしゅっしん》の力士《りきし》が多《おお》く活躍《かつやく》するようになりました。

写真／日本相撲協会

外国出身力士《がいこくしゅっしんりきし》で初《はつ》の横綱《よこづな》

曙《あけぼの》 太郎《たろう》

昭和《しょうわ》44（1969）年《ねん》～。アメリカ・ハワイ州出身《しゅうしゅっしん》。第《だい》64代横綱《だいよこづな》。外国出身力士《がいこくしゅっしんりきし》では初《はじ》めて横綱《よこづな》になりました。長《なが》い腕《うで》を使《つか》ったつっぱりが強烈《きょうれつ》で、相手《あいて》を一気《いっき》に土俵外《どひょうがい》へと出《だ》しました。入門《にゅうもん》が同期《どうき》の貴乃花《たかのはな》とはライバルとして、しのぎをけずりました。優勝《ゆうしょう》11回《かい》。

最年少記録《さいねんしょうきろく》を次々更新《つぎつぎこうしん》

貴乃花《たかのはな》 光司《こうじ》

昭和《しょうわ》47（1972）年《ねん》～。東京都中野区出身《とうきょうとなかのくしゅっしん》。第《だい》65代横綱《だいよこづな》。名大関《めいおおぜき》といわれる貴ノ花《たかのはな》の次男《じなん》。最年少幕下優勝《さいねんしょうまくしたゆうしょう》、最年少十両昇進《さいねんしょうじゅうりょうしょうしん》、最年少金星獲得《さいねんしょうきんぼしかくとく》、最《さい》年少幕内優勝《ねんしょうまくうちゆうしょう》など数々《かずかず》の記録《きろく》をぬりかえました。平成《へいせい》6年《ねん》に2場所連続《ばしょれんぞく》で全《ぜん》勝優勝《しょうゆうしょう》し、横綱《よこづな》になりました。同期《どうき》の曙《あけぼの》と熱戦《ねっせん》をくり広《ひろ》げた時期《じき》は、「曙貴《あけたか》時代《じだい》」といわれました。優勝《ゆうしょう》22回《かい》。

写真／日本相撲協会

組《く》んでも押《お》しても強《つよ》い

武蔵丸《むさしまる》 光洋《こうよう》

昭和《しょうわ》46（1971）年《ねん》～。アメリカ・ハワイ州出身《しゅうしゅっしん》。第《だい》67代横綱《だいよこづな》。外国出身《がいこくしゅっしん》力士《りきし》では2人目《め》の横綱《よこづな》です。つき、おしが強《つよ》い一方《いっぽう》で、まわしを取《と》る相撲《すもう》でも力《ちから》を発揮《はっき》しました。大関時代《おおぜきじだい》が32場《ば》所《しょ》と長《なが》く、その間《かん》に一度《いちど》も負《ま》けこしがなく（史上最長記録《しじょうさいちょうきろく》）、5回《かい》の優勝《ゆうしょう》をしています。55場所連続勝《ばしょれんぞくか》ちこしの記《き》録《ろく》もあります。優勝《ゆうしょう》12回《かい》。

写真／日本相撲協会

曙《あけぼの》と貴乃花《たかのはな》の対戦成績《たいせんせいせき》は、21勝《しょう》21敗《ぱい》で、まったく五分《ごぶ》。優勝決定戦《ゆうしょうけっていせん》をふくめても25勝《しょう》25敗《ぱい》だ。2人は千秋楽結《せんしゅうらくむす》びの一番《いちばん》で27回対戦《かいたいせん》しているが、これは史上最多《しじょうさいた》の記録《きろく》。そのうち5回《かい》は、同《おな》じ勝《か》ち星《ぼし》（相星《あいぼし》）でたたかっている。

写真／日本相撲協会

モンゴル出身《しゅっしん》で初《はつ》の横綱《よこづな》

朝青龍《あさしょうりゅう》 明徳《あきのり》

昭和《しょうわ》55（1980）年《ねん》〜。モンゴル・ウランバートル市出身《しゅっしん》。第《だい》68代《だい》横綱《よこづな》。モンゴル出身力士《しゅっしんりきし》では初《はじ》めて横綱《よこづな》になりました。高校時代《こうこうじだい》に日本《にっぽん》に相撲留学《すもうりゅうがく》し、その後入門《ごにゅうもん》しました。初土俵《はつどひょう》から25場所《ばしょ》での横綱推挙《よこづなすいきょ》は年《ねん》6場所制《ばしょせい》で初土俵《はつどひょう》が前相撲《まえずもう》からの力士《りきし》としては最短《さいたん》の早《はや》さです。7場所《ばしょ》連続優勝《れんぞくゆうしょう》、年間《ねんかん》6場所完全制覇《ばしょかんぜんせいは》を達成《たっせい》しています。身体能力《しんたいのうりょく》が人一倍高《ひといちばいたか》く、初土俵《はつどひょう》から引退《いんたい》までに42種類《しゅるい》もの決《き》まり手《て》を披露《ひろう》しています。優勝《ゆうしょう》25回《かい》。

写真／毎日新聞社

優勝《ゆうしょう》40回《かい》は歴代《れきだい》1位《い》

白鵬《はくほう》 翔《しょう》

昭和《しょうわ》60（1985）年《ねん》〜。モンゴル・ウランバートル市出身《ししゅっしん》。第《だい》69代横綱《だいよこづな》。入門当初《にゅうもんとうしょ》は体《からだ》が小《ち》さく、成績《せいせき》もよくありませんでしたが、次第《しだい》に力《ちから》をつけました。平成《へいせい》22（2010）年一月場所《ねんいちがつばしょ》から同年十一月場所《どうねんじゅういちがつばしょ》まで、双葉山《ふたばやま》に次《つ》ぐ63連勝《れんしょう》を達成《たっせい》しました。優勝回数《ゆうしょうかいすう》でも、大鵬《たいほう》を上回《うわまわ》る40回《かい》を数《かぞ》えます（平成《へいせい》29年末《ねんまつ》まで）。

写真／日本相撲協会

久《ひさ》しぶりの日本出身横綱《にっぽんしゅっしんよこづな》

稀勢《きせ》の里《さと》 寛《ゆたか》

昭和《しょうわ》61（1986）年《ねん》〜。茨城県牛久市出身《いばらきけんうしくししゅっしん》。第《だい》72代横綱《だいよこづな》。若《わか》くして十両《じゅうりょう》、幕内《まくうち》へ昇進《しょうしん》しましたが、5年間大関《ねんかんおおぜき》にとどまりました。平成《へいせい》29（2017）年《ねん》に19年《ねん》ぶりの日本出身横綱《にっぽんしゅっしんよこづな》となり、新横綱《しんよこづな》の場所《ばしょ》で優勝《ゆうしょう》しました。優勝《ゆうしょう》2回《かい》（平成《へいせい》29年末《ねんまつ》まで）。

朝青龍《あさしょうりゅう》、白鵬《はくほう》、日馬富士《はるまふじ》、鶴竜《かくりゅう》と、モンゴル出身《しゅっしん》横綱《よこづな》が続《つづ》いた。

白鵬《はくほう》と稀勢《きせ》の里《さと》の直接対決《ちょくせつたいけつ》は、白鵬《はくほう》が43勝《しょう》16敗《はい》と圧倒《あっとう》している（平成《へいせい》29年末《ねんまつ》まで）が、63連勝《れんしょう》、43連勝、23連勝《れんしょう》を止《と》められている。稀勢《きせ》の里《さと》がいなければ、白鵬《はくほう》の連勝記録《れんしょうきろく》はもっとのびていたかもしれない。

勝負《しょうぶ》がついた瞬間《しゅんかん》。
右《みぎ》が大鵬《たいほう》、左《ひだり》が貴ノ花《たかのはな》。

写真／スポーツニッポン新聞社 / 毎日新聞社

名勝負《めいしょうぶ》

記《き》憶《おく》に残《のこ》る名《めい》勝《しょう》負《ぶ》

多《おお》くの人《ひと》の胸《むね》に刻《きざ》まれた勝負《しょうぶ》があります。

大横綱《だいよこづな》、最後《さいご》の一番《いちばん》

貴ノ花《たかのはな》ー大鵬《たいほう》

昭和《しょうわ》46（1971）年《ねん》 五月場所《ごがつばしょ》 5日目《かめ》

32回《かい》の優勝《ゆうしょう》をほこる大横綱《だいよこづな》・大鵬《たいほう》は、横綱《よこづな》になってすでに10年近《ねんちか》くがたち、おとろえを見《み》せるようになっていました。一方《いっぽう》、貴ノ花《たかのはな》は次代《じだい》を担《にな》う期待《きたい》の大《おお》きい新鋭《しんえい》で、足腰《あしこし》が強《つよ》くそのねばりには定評《ていひょう》がありました。

立合《たちあ》い、大鵬《たいほう》は左《ひだり》かち上《あ》げから一気《いっき》に前《まえ》に出《で》ますが、貴ノ花《たかのはな》がしのぎ、左四《ひだりよ》つに組《く》みます。大鵬《たいほう》の必死《ひっし》のすくい投《な》げを貴《たか》ノ花《のはな》が外《そと》がけでしのぎます。大鵬《たいほう》が左《ひだり》からのつき落《お》としにいくと、貴ノ花《たかのはな》は全身《ぜんしん》を預《あず》けます。貴ノ花《たかのはな》は前《まえ》にたおれますが、大鵬《たいほう》の方《ほう》が一瞬早《いっしゅんはや》く土俵《どひょう》を割《わ》り、おしりから落《お》ちました。大鵬《たいほう》は、この敗戦《はいせん》で引退《いんたい》を決意《けつい》。大横綱《だいよこづな》の最後《さいご》の一番《いちばん》となりました。

横綱《よこづな》の意地《いじ》を見《み》せて逆転優勝《ぎゃくてんゆうしょう》

輪島《わじま》ー北《きた》の湖《うみ》

昭和《しょうわ》49（1974）年《ねん》 七月場所《しちがつばしょ》 千秋楽《せんしゅうらく》

横綱《よこづな》をめざす大関《おおぜき》・北《きた》の湖《うみ》は、この場所《ばしょ》、14日目《にちめ》まで、13勝《しょう》1敗《ぱい》でトップを走《はし》り、横綱《よこづな》の輪島《わじま》が星《ほし》1つの差《さ》でそれを追《お》う展開《てんかい》になっていました。いよいよ千秋楽《せんしゅうらく》、結《むす》びの一番《いちばん》。輪島《わじま》が左《ひだり》下手《したて》、北《きた》の湖《うみ》が右上《みぎうわ》手《て》を取《と》ります。北《きた》の湖《うみ》が寄《よ》り、外掛《そとが》けに出《で》たところを、輪島《わじま》が左《ひだり》の下手投《したてな》げで下《くだ》しました。両者《りょうしゃ》13勝《しょう》2敗《はい》ずつの相星《あいぼし》となって、優勝決定戦《ゆうしょうけっていせん》にもつれこみます。その優勝決定戦《ゆうしょうけっていせん》、再《ふたた》び北《きた》の湖《うみ》が寄《よ》って出《で》たところを輪島《わじま》がまたも左下手投《ひだりしたてな》げで転《ころ》がしました。2番続《ばんつづ》けて勝《か》った輪島《わじま》が逆転《ぎゃくてん》優勝《ゆうしょう》を決《き》め、横綱《よこづな》の意地《いじ》を見《み》せました。

優勝決定戦《ゆうしょうけっていせん》。「黄金《おうごん》の左《ひだり》」とたたえられた輪島《わじま》の左下手投《ひだりしたてな》げが決《き》まる。

写真／毎日新聞社

優勝決定戦《ゆうしょうけっていせん》の制度《せいど》が取《と》り入《い》れられた昭和《しょうわ》22年《ねん》から平成《へいせい》29年末現在《ねんまつげんざい》までに、77回《かい》の優勝決定戦《ゆうしょうけっていせん》があった。力士《りきし》2人によるものが68回《かい》、3人《にん》が6回《かい》、4人《にん》が2回《かい》。5人《にん》の力士《りきし》による決定戦《けっていせん》が人数《にんずう》としては最《もっと》も多《おお》く、1回《かい》だけあった。

優勝決定戦《ゆうしょうけっていせん》で、左《ひだり》を深《ふか》く差《さ》し、右《みぎ》を引《ひ》きつけて寄《よ》り立《た》てる貴ノ花《たかのはな》（左《ひだり》）。北の湖《きたのうみ》は腰《こし》が立《た》ってしまい、寄《よ》り切《き》られる。

写真／日本相撲協会

悲願《ひがん》の初優勝《はつゆうしょう》

貴ノ花《たかのはな》ー北の湖《きたのうみ》

昭和《しょうわ》50（1975）年《ねん》 三月場所《さんがつばしょ》 千秋楽《せんしゅうらく》

人気抜群《にんきばつぐん》の大関《おおぜき》・貴ノ花《たかのはな》でしたが、軽量《けいりょう》で、病気《びょうき》やけがに苦《くる》しむこともあり、優勝《ゆうしょう》には縁《えん》がありませんでした。

しかし、この場所《ばしょ》では、14日《か》目《め》を終《お》えて13勝《しょう》1敗《ぱい》と単独《たんどく》トップに立《た》ち、初優勝《はつゆうしょう》の期待《きたい》がかかります。星《ほし》1つの差《さ》で追《お》うのが横綱《よこづな》・北の湖《きたのうみ》。千秋楽《せんしゅうらく》、結《むす》びの一番《いちばん》、両者《りょうしゃ》の対決《たいけつ》では、北の湖《きたのうみ》が両《りょう》まわしを引《ひ》いてから上手投《うわてな》げで貴ノ花《たかのはな》を下《くだ》しました。これで13勝2敗同士《はいどうし》の相星《あいぼし》となります。続《つづ》く優勝決定戦《ゆうしょうけっていせん》で、貴ノ花《たかのはな》は北の湖《きたのうみ》に右上手《みぎうわて》を取《と》られるものの、もろざしとなって前《まえ》に出《で》て、ついに北の湖《きたのうみ》を寄《よ》り切《き》りました。

その瞬間《しゅんかん》、大歓声《だいかんせい》がわき起《お》こり、満員《まんいん》の館内《かんない》は、興奮《こうふん》につつまれました。人気大関《にんきおおぜき》、悲願《ひがん》の初優勝《はつゆうしょう》でした。

表彰式《ひょうしょうしき》では、実《じつ》の兄《あに》の二子山《ふたごやま》親方《おやかた》から優勝旗《ゆうしょうき》を直接《ちょくせつ》手《て》わたされたのだ。

めずらしい技《わざ》で大逆転《だいぎゃくてん》

若三杉《わかみすぎ》ー鷲羽山《わしゅうやま》

昭和《しょうわ》52（1977）年《ねん》 九月場所《くがつばしょ》 初日《しょにち》

小《ちい》さな体《からだ》ながら、動《うご》きのすばやさと技《わざ》の多彩《たさい》さで上位《じょうい》力士《りきし》を苦《くる》しめた鷲羽山《わしゅうやま》が、大関《おおぜき》・若三杉《わかみすぎ》（後《のち》の横綱《よこづな》、二《に》代《だい》・若乃花《わかのはな》）にいどんだ一番《いちばん》。鷲羽山《わしゅうやま》は、立合《たちあ》いからもろざしとなり、一気《いっき》に寄《よ》って出《で》ます。若三杉《わかみすぎ》は、土俵際《どひょうぎわ》に追《お》いつめられ、絶体絶命《ぜったいぜつめい》のピンチとなりました。しかし、体《からだ》のやわらかさに定評《ていひょう》がある若三杉《わかみすぎ》は土俵伝《どひょうづた》いに回《まわ》りこみながら、相手《あいて》の肩《かた》ごしにつかんでいた上手《うわて》まわしをふって裏《うら》返《がえ》しにします。

決《き》まり手《て》は、めずらしい波離間《はりま》投《な》げでした。若三杉《わかみすぎ》の捨《す》て身《み》の大技《おおわざ》が決《き》まり、大逆転《だいぎゃくてん》となりました。

波離間投《はりまな》げは、肩《かた》ごしに引《ひ》いた上手《うわて》で、相手《あいて》を後方《こうほう》に投《な》げる決《き》まり手《て》。若三杉《わかみすぎ》（右《みぎ》）のねばりがまさった。

写真／日本相撲協会

昭和《しょうわ》50年三月場所《ねんさんがつばしょ》の時点《じてん》で、北の湖《きたのうみ》が優勝決定戦《ゆうしょうけっていせん》に出場《しゅつじょう》するのは3度目《どめ》だった。結局《けっきょく》、いずれも負《ま》けという結果《けっか》になった。同年《どうねん》9月場所《がつばしょ》でも貴ノ花《たかのはな》と北の湖《きたのうみ》の優勝決定戦《ゆうしょうけっていせん》となったが、またも北の湖《きたのうみ》が負《ま》けている。

写真／毎日新聞社

1回目《かいめ》の取組《とりくみ》。霧島《きりしま》（右《みぎ》）がきわどく残《のこ》し、同体取《どうたいと》り直《なお》しとなる。

1日《にち》4番取《ばんと》った相撲《すもう》

水戸泉《みといずみ》－霧島《きりしま》

昭和《しょうわ》63（1988）年《ねん》 五月場所《ごがつばしょ》 初日《しょにち》

前頭《まえがしら》7枚目《まいめ》の霧島《きりしま》と前頭《まえがしら》8枚目《まいめ》の水戸泉《みといずみ》の一戦《いっせん》。土俵《どひょう》際《ぎわ》でねばる霧島《きりしま》がうっちゃりを見《み》せ、2人は土俵下《どひょうした》へ。物言《ものい》いがつき、「同体取《どうたいと》り直《なお》し」となります。ここまでは、そうめずらしくない展開《てんかい》ですが、取《と》り直《なお》しの一番《いちばん》で、今度《こんど》は水戸泉《みといずみ》がうっちゃって、またもや「同体取《どうたいと》り直《なお》し」になりました。そして、なんと3回目《かいめ》、再《ふたた》び霧島《きりしま》がうっちゃり、またまた「同体取《どうたいと》り直《なお》し」に。4回目《かいめ》も、霧島《きりしま》がうっちゃりを見《み》せます。

4回目《かいめ》の相撲《すもう》はきわどいながら、寄《よ》っていった水戸泉《みといずみ》に軍配《ぐんばい》が上《あ》がり、物言《ものい》いはつかず、ようやく決着《けっちゃく》がつきました。

昭和最後《しょうわさいご》の一番《いちばん》

大乃国《おおのくに》－千代の富士《ちよのふじ》

昭和《しょうわ》63（1988）年《ねん》 十一月場所《じゅういちがつばしょ》 千秋楽《せんしゅうらく》

この年《とし》、横綱《よこづな》・千代《ちよ》の富士《ふじ》は、五月場所《ごがつばしょ》の中日《なかび》・八日目《ようかめ》から勝《か》ち続《つづ》け、七月場所《しちがつばしょ》、九月場所《くがつばしょ》とも全勝優勝《ぜんしょうゆうしょう》、十一月場所《じゅういちがつばしょ》も初日《しょにち》から白星《しろぼし》を重《かさ》ねて14連勝《れんしょう》し、千秋楽《せんしゅうらく》を待《ま》たずに26回目《かいめ》の優勝《ゆうしょう》を決《き》めていました。通算《つうさん》の連勝数《れんしょうすう》は53になり、双葉山《ふたばやま》の69連勝《れんしょう》をぬくのも夢《ゆめ》ではなくなっていました。

千秋楽《せんしゅうらく》、結《むす》びの一番《いちばん》は、横綱《よこづな》・大乃国《おおのくに》との対戦《たいせん》です。この一番《いちばん》、大乃国《おおのくに》は、立合《たちあ》い後《ご》すぐに左上手《ひだりうわて》を取《と》ると、巨体《きょたい》を生《い》かして寄《よ》り、ついに千代《ちよ》の富士《ふじ》をたおします。大《だい》記録《きろく》ならず。連勝《れんしょう》が止《と》まったこの一番《いちばん》が、昭和《しょうわ》時代最後《じだいさいご》の取組《とりくみ》となりました。

大乃国《おおのくに》（左《ひだり》）の寄《よ》りに、千代《ちよ》の富士《ふじ》はたまらず、腰《こし》から落《お》ちる。大乃国《おおのくに》が横綱《よこづな》の意地《いじ》を見《み》せた一番《いちばん》だった。

写真／日本相撲協会

千代《ちよ》の富士《ふじ》の連勝《れんしょう》が53でストップした昭和《しょうわ》63年十一月場所《ねんじゅういちがつばしょ》の次《つぎ》の場所《ばしょ》は、翌年《よくとし》の1月《がつ》8日《か》に初日《しょにち》をむかえる予定《よてい》だったが、前日《ぜんじつ》の昭和天皇《しょうわてんのう》の崩御《ほうぎょ》によって一日延期《いちにちえんき》された。

一気《いっき》に寄《よ》って出《で》る貴花田《たかはなだ》（左《ひだり》）。

写真／日本相撲協会

大横綱《だいよこづな》が引退《いんたい》を決意《けつい》

平成《へいせい》3（1991）年《ねん》五月場所《ごがつばしょ》　初日《しょにち》

貴花田《たかはなだ》－千代《ちよ》の富士《ふじ》

優勝《ゆうしょう》を31回重《かいかさ》ねた横綱《よこづな》・千代《ちよ》の富士《ふじ》も、この場所《ばしょ》はすでに35歳《さい》。2場所《ばしょ》連続《れんぞく》の休場明《きゅうじょうあ》けでした。対《たい》する貴花田《たかはなだ》（後《のち》の貴乃花《たかのはな》）は、18歳《さい》9か月《げつ》ののびざかり。前《まえ》の場所《ばしょ》では12勝《しょう》をあげ、前頭筆頭《まえがしらひっとう》まで番付《ばんづけ》を上《あ》げていました。ベテラン横綱《よこづな》と新鋭《しんえい》の初顔合《はつかおあ》わせの対戦《たいせん》は、いきなり初日《しょにち》に組《く》まれました。立合《たちあ》いから貴花田《たかはなだ》は、右《みぎ》を差《さ》し、左《ひだり》をおっつけて前《まえ》に出《で》ると、回《まわ》りこんで残《のこ》そうとする千代《ちよ》の富士《ふじ》を一気《いっき》に寄《よ》り切《き》りました。これは、最年少《さいねんしょう》での金星《きんぼし》（平幕力士《ひらまくりきし》が横綱《よこづな》に勝《か》つこと）獲得《かくとく》の記録《きろく》となりました。

千代《ちよ》の富士《ふじ》は、この一番《いちばん》で体力《たいりょく》の限界《げんかい》を感《かん》じたとして、2日後《かご》に引退《いんたい》を発表《はっぴょう》しました。世代交代《せだいこうたい》を印象《いんしょう》づける取組《とりくみ》となりました。

3か所《しょ》を同時《どうじ》に攻《せ》める三所攻《みところぜ》めで、体格差《たいかくさ》をものともせずに戦《たたか》う舞《まい》の海《うみ》（左《ひだり》）。

写真／日本相撲協会

100kg以上《いじょう》の体重差《たいじゅうさ》に打《う》ち勝《か》つ

平成《へいせい》3（1991）年《ねん》十一月場所《じゅういちがつばしょ》　11日目《にちめ》

舞《まい》の海《うみ》－曙《あけぼの》

身長《しんちょう》2ｍ4㎝、体重《たいじゅう》198kgの曙《あけぼの》と、身長《しんちょう》169㎝、体重《たいじゅう》はわずか94kgの舞《まい》の海《うみ》の初顔合《はつかおあ》わせの取組《とりくみ》です。100kg以上《いじょう》の体重差《たいじゅうさ》がある2人ですが、体《からだ》の大《おお》きい方《ほう》が勝《か》つとは限《かぎ》らないのが相撲《すもう》のおもしろさです。

小《ちい》さな体《からだ》で、巨体《きょたい》に食《く》い下がる舞《まい》の海《うみ》は、右手《みぎて》で相手《あいて》の足《あし》をかかえ、左足《ひだりあし》で内掛《うちが》け、さらに頭《あたま》で上半身《じょうはんしん》をおす三所攻《みところぜ》めを決《き》め、みごとに曙《あけぼの》をたおしてしまいました（決《き》まり手《て》は内掛《うちが》け）。

舞《まい》の海《うみ》の幕内《まくうち》での決《き》まり手《て》は、内掛《うちが》け、とったり、逆《さか》とったり、腕捻《かいなひね》り、小股《こまた》すくい、三所攻《みところぜ》めなどのめずらしいものをふくめて31種類《しゅるい》もあり、「技《わざ》のデパート」と呼《よ》ばれた。三所攻《みところぜ》めの決《き》まり手《て》による勝利《しょうり》も2度《ど》あげている。

左上手投《ひだりうわてな》げで、武蔵丸《むさしまる》を土俵《どひょう》に転《ころ》がした貴乃花《たかのはな》（右）。

写真／毎日新聞社

奇跡《きせき》の優勝《ゆうしょう》

貴乃花《たかのはな》－武蔵丸《むさしまる》

平成《へいせい》13（2001）年《ねん》
五月場所《ごがつばしょ》 千秋楽《せんしゅうらく》

この場所《ばしょ》は、初日《しょにち》から13連勝《れんしょう》の横綱《よこづな》・貴乃花《たかのはな》を、同《おな》じく横綱《よこづな》の武蔵丸《むさしまる》が2敗《はい》で追《お》う展開《てんかい》となっていました。ところが14日目《かめ》、貴乃花《たかのはな》は、武双山《むそうやま》との対戦《たいせん》で1敗《ぱい》を喫《きっ》した際《さい》に、右《みぎ》ひざの関節《かんせつ》を脱臼《だっきゅう》するなどの大《おお》けがを負《お》ってしまいます。休場《きゅうじょう》してもおかしくないけがでしたが、貴乃花《たかのはな》は、千秋楽《せんしゅうらく》の出場《しゅつじょう》を決意《けつい》します。

相手《あいて》は、2敗《はい》を守《まも》った武蔵丸《むさしまる》。この対戦《たいせん》で貴乃花《たかのはな》は、けがの影響《えいきょう》もあってまったく相撲《すもう》にならず完敗《かんぱい》、両者《りょうしゃ》13勝《しょう》2敗《はい》となって優勝決定戦《ゆうしょうけっていせん》にもつれこみます。だれもが武蔵丸《むさしまる》の勝《か》ちを予想《よそう》しましたが、貴乃花《たかのはな》は、痛《いた》めた右足《みぎあし》を軸《じく》にしながら左《ひだり》からの上手投《うわてな》げで勝利《しょうり》を収《おさ》めたのです。22回目《かいめ》の優勝《ゆうしょう》を決《き》めた貴乃花《たかのはな》でしたが、この後《あと》は、休場《きゅうじょう》が続《つづ》き、これが最後《さいご》の優勝《ゆうしょう》となりました。

武蔵丸《むさしまる》は、この雪辱《せつじょく》を果《は》たすため、満身創痍《まんしんそうい》になりながら、一年以上《いちねんいじょう》、貴乃花《たかのはな》の再起《さいき》を待《ま》ったのだ。

モンゴル出身横綱同士《しゅっしんよこづなどうし》の決戦《けっせん》

白鵬《はくほう》－朝青龍《あさしょうりゅう》

平成《へいせい》20（2008）年《ねん》
一月場所《いちがつばしょ》 千秋楽《せんしゅうらく》

モンゴル出身《しゅっしん》の横綱《よこづな》・朝青龍《あさしょうりゅう》は、不祥事《ふしょうじ》で2場所《ばしょ》の出場停止《しゅつじょうていし》となっていた後《あと》の、久々《ひさびさ》の本場所《ほんばしょ》でした。朝青龍《あさしょうりゅう》がいない間《あいだ》に2場所連続優勝《ばしょれんぞくゆうしょう》していた白鵬《はくほう》もモンゴル出身《しゅっしん》です。14日目《かめ》までで、両者《りょうしゃ》ともに13勝《しょう》1敗《ぱい》、千秋楽《せんしゅうらく》、結《むす》びの一番《いちばん》は優勝《ゆうしょう》をかけた決戦《けっせん》となりました。朝青龍《あさしょうりゅう》としては先輩《せんぱい》の意地《いじ》を見《み》せたいところ、白鵬《はくほう》としても、休場明《きゅうじょうあ》けの横綱《よこづな》に簡単《かんたん》に優勝《ゆうしょう》をゆずるわけにはいきません。意地《いじ》と意地《いじ》のぶつかり合《あ》いとなりました。熱戦《ねっせん》の末《すえ》に白鵬《はくほう》が、左《ひだり》からの上手投《うわてな》げで、朝青龍《あさしょうりゅう》を裏返《うらがえ》しにし、6回目《かいめ》の優勝《ゆうしょう》を手《て》にしました。

先輩横綱《せんぱいよこづな》の朝青龍《あさしょうりゅう》（右《みぎ》）を豪快《ごうかい》に投《な》げ飛《と》ばす白鵬《はくほう》（左《ひだり》）。

写真／日本相撲協会

平成《へいせい》13年五月場所《ねんごがつばしょ》の貴乃花《たかのはな》の優勝《ゆうしょう》では、表彰式《ひょうしょうしき》で小泉純一郎首相《こいずみじゅんいちろうしゅしょう》（当時《とうじ》）が、「痛《いた》みにたえてよくがんばった。感動《かんどう》した。おめでとう」と述《の》べたこともよく知《し》られている。

記録更新目前《きろくこうしんもくぜん》で連勝《れんしょう》がストップ

白鵬《はくほう》―稀勢の里《きせのさと》

平成《へいせい》22（2010）年《ねん》 十一月場所《じゅういちがつばしょ》 2日目《かめ》

絶好調《ぜっこうちょう》の横綱《よこづな》・白鵬《はくほう》は、他《た》の力士《りきし》をまったく寄《よ》せつけず、この前《まえ》の場所《ばしょ》まで、62連勝《れんしょう》を続《つづ》けて、双葉山《ふたばやま》の69連勝《れんしょう》まで残《のこ》り7勝《しょう》とせまっていました。初日《しょにち》もなんなく勝《か》ち、連勝記録《れんしょうきろく》の更新《こうしん》は確実《かくじつ》と思《おも》われていました。

しかし、2日目《かめ》、当時《とうじ》、前頭筆頭《まえがしらひっとう》だった稀勢《きせ》の里《さと》との対戦《たいせん》で、まさかの展開《てんかい》をむかえます。稀勢《きせ》の里《さと》は、つっぱってせめこんだ後《あと》、右上手《みぎうわて》を取《と》って、白鵬《はくほう》を寄《よ》り切《き》ったのです。土俵《どひょう》を割《わ》った白鵬《はくほう》の茫然《ぼうぜん》とした表情《ひょうじょう》が印象的《いんしょうてき》でした。白《はく》鵬《ほう》にとっては10か月《げつ》ぶりの敗戦《はいせん》となり、「これが負《ま》けか」とつぶやきました。

白鵬《はくほう》の連勝記録《れんしょうきろく》を止《と》める大金星《だいきんぼし》を上《あ》げた稀勢の里《きせのさと》（右《みぎ》）。　写真／毎日新聞社

十両以上《じゅうりょういじょう》で初《はじ》めての決《き》まり手《て》

宇良《うら》―天風《あまかぜ》

平成《へいせい》29（2017）年《ねん》 一月場所《いちがつばしょ》 13日目《にちめ》

多彩《たさい》な技《わざ》をくり出《だ》すことで人気《にんき》の宇良《うら》が、たすき反《ぞ》りというめずらしい決《き》まり手《て》で勝《か》ちました。背中《せなか》に相手《あいて》をたすきがけにして反《そ》りたおす技《わざ》で、昭和《しょうわ》30（1955）年《ねん》に68手《て》の決《き》まり手《て》が制定《せいてい》されてからは、十両以上《じゅうりょういじょう》では一度《いちど》も出《で》ていない決《き》まり手《て》でした（それ以前《いぜん》は、昭和《しょうわ》26年《ねん》に栃錦《とちにしき》が一度《いちど》決《き》めた記録《きろく》がある）。

たすき反《ぞ》りを見《み》せる宇良《うら》（左《ひだり》）。宇良《うら》は、このほかにも引《ひ》っ掛《か》け、腰投《こしな》げ、わたしこみなどの決《き》まり手《て》で勝《か》ったことがある。　写真／日本相撲協会

平成《へいせい》22年十一月場所《ねんじゅういちがつばしょ》2日目《かめ》に、連勝《れんしょう》がストップした白鵬《はくほう》だったが、翌日《よくじつ》からは気持《きも》ちを切《き》りかえ、連日白星《れんじつしろぼし》を重《かさ》ねて、14勝《しょう》1敗《ばい》で優勝《ゆうしょう》した。

連勝記録《れんしょうきろく》、ついに止《と》まる

今《いま》も不滅《ふめつ》の大記録《だいきろく》として残《のこ》る双葉山《ふたばやま》の連勝《れんしょう》がとだえた大一番《おおいちばん》です。

大横綱《だいよこづな》、3年《ねん》ぶりの黒星《くろぼし》

昭和《しょうわ》14（1939）年《ねん》
一月場所《いちがつばしょ》　4日目《かめ》

安藝ノ海《あきのうみ》 ― 双葉山《ふたばやま》

昭和《しょうわ》11（1936）年一月場所《ねんいちがつばしょ》の7日目《かめ》から勝《か》ち星《ぼし》を重《かさ》ねていた双葉山《ふたばやま》は、翌年《よくとし》の昭和《しょうわ》12年《ねん》、さらにはその翌《よく》年《とし》の昭和《しょうわ》13年《ねん》も負《ま》け知《し》らず。勝《か》ち星《ぼし》を重《かさ》ね続《つづ》けて、3年《ねん》間《かん》にわたって、66連勝《れんしょう》まで記録《きろく》をのばしていました。それには、5場所連続《ばしょれんぞく》の全勝優勝《ぜんしょうゆうしょう》もふくまれています。

力士《りきし》たちは打倒双葉山《だとうふたばやま》に燃《も》えましたが、双葉山《ふたばやま》は強《つよ》く、この昭和《しょうわ》14年一月場所《ねんいちがつばしょ》も3日目《かめ》まで危《あぶ》なげなく勝《か》って69連勝《れんしょう》。連勝記録《れんしょうきろく》は、さらに続《つづ》くものと、だれもが信《しん》じていました。

ところが、4日目《かめ》、だれもが予想《よそう》もしなかった展開《てんかい》が待《ま》ち受《う》けていたのです。ついに双葉山《ふたばやま》の連勝《れんしょう》を止《と》めたのは、西前頭三枚目《にしまえがしらさんまいめ》の新鋭安藝ノ海《しんえいあきのうみ》。双葉山《ふたばやま》70連勝《れんしょう》ならず。大横綱双葉山《だいよこづなふたばやま》にとって、3年《ねん》ぶりで、三役《さんやく》ー大関《おおぜき》ー横綱《よこづな》と昇進《しょうしん》して初《はつ》の黒星《くろぼし》でした。

〝不抜の双葉城〟陥落す

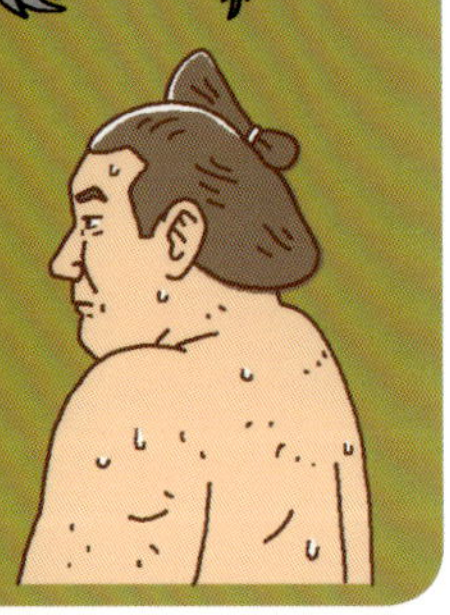

ラジオが伝《つた》えた世紀《せいき》の一番《いちばん》

その日《ひ》、ラジオの実況放送《じっきょうほうそう》を担当《たんとう》したのは、NHKの和田信賢《わだのぶかた》アナウンサーでした。いよいよ双葉山《ふたばやま》の取組《とりくみ》が始《はじ》まる時《とき》が来《く》ると、双葉山《ふたばやま》が勝《か》てば70連勝《れんしょう》になることから、

「不世出《ふせいしゅつ》の名力士双葉《めいりきしふたば》、今日《きょう》まで六十九連《れん》勝《しょう》、果《は》たして七十連勝《れんしょう》なるか、七十は古《こ》稀《き》、古来《こらい》まれなり」

と語《かた》りました。

土俵上《どひょうじょう》では、2人の力士《りきし》の仕切《しき》りが繰《く》り返《かえ》されます。そして、両力士《りょうりきし》が立《た》ち上《あ》がります。おたがいにつっぱった後《あと》、右四《みぎよ》つに組《く》みました。双葉山《ふたばやま》、得意《とくい》の形《かたち》です。

「双葉右《ふたばみぎ》が入《はい》った。右《みぎ》が入《はい》りました」

ところが、双葉山《ふたばやま》が右《みぎ》からすくい投《な》げを打《う》ったところ、安藝ノ海《あきのうみ》の左足《ひだりあし》が双葉山《ふたばやま》の右足《みぎあし》にかかります。安藝ノ海《あきのうみ》がそのままのしかかるように体《からだ》を預《あず》けると、双葉山《ふたばやま》は、左《ひだり》ひじから土俵《どひょう》にたおれたのです。

和田《わだ》アナウンサーは、マイクから口《くち》をはずし、そばにいた先輩《せんぱい》アナウンサーに「双《ふた》葉山《ばやま》は確《たし》かに負《ま》けましたね」と確《たし》かめると、

「双葉山敗《ふたばやまやぶ》る、双葉山敗《ふたばやまやぶ》る、双葉山敗《ふたばやまやぶ》る。時《とき》、昭和《しょうわ》十四年《ねん》一月《がつ》十五日《にち》、旭日昇天《きょくじつしょうてん》、まさに六十九連勝《れんしょう》、七十連勝《れんしょう》を目指《めざ》して躍進《やくしん》する双葉山《ふたばやま》、出羽一門《でわいちもん》の新鋭安藝ノ海《しんえいあきのうみ》に屈《くっ》す、双葉《ふたば》七十連勝《れんしょう》ならず」

とさけびました。

双葉山《ふたばやま》が活躍《かつやく》したころ、本場所《ほんばしょ》は年《ねん》2回《かい》だった。そのなかで、12回《かい》の優勝《ゆうしょう》をはたしている。現在《げんざい》のように本場所《ほんばしょ》が年《ねん》6回《かい》あったら、もっと多《おお》くの優勝《ゆうしょう》をなしとげていた可能性《かのうせい》が高《たか》い。

大興奮状態《だいこうふんじょうたい》の国技館《こくぎかん》

　このころの大相撲《おおずもう》は、双葉山《ふたばやま》の人気《にんき》で、連日大入《れんじつおおい》りでした。前《まえ》の晩《ばん》から観客《かんきゃく》がおし寄《よ》せ、徹夜《てつや》で席《せき》を取《と》るのが当《あ》たり前《まえ》のようになっていました。

　この日《ひ》、結《むす》びの前《まえ》の一番《いちばん》で、双葉山《ふたばやま》が敗《やぶ》れると、ラジオのアナウンサーは絶叫《ぜっきょう》し、満員《まんいん》の国技館《こくぎかん》は、ゴーッという地鳴《じな》りのような音《おと》につつまれました。数《かぞ》えきれないほどの座布団《ざぶとん》が舞《ま》い、暖房用《だんぼうよう》の火鉢《ひばち》やたばこ盆《ぼん》までが投《な》げられたといいます。

　その中《なか》で、勝者安藝ノ海《しょうしゃあきのうみ》は勝《か》ち名乗《なの》りを受《う》け、敗《やぶ》れた双葉山《ふたばやま》は、体《からだ》の砂《すな》をはらって引《ひ》きあげていったのです。

双葉山《ふたばやま》の敗戦《はいせん》を伝《つた》える新聞《しんぶん》の紙面《しめん》より。
（昭和《しょうわ》14年《ねん》1月《がつ》16日東京朝日新聞《にちとうきょうあさひしんぶん》）

双葉山《ふたばやま》、電報《でんぽう》を打《う》つ

　中国《ちゅうごく》の古《ふる》い話《はなし》に、「王《おう》のために闘鶏《とうけい》（鶏《にわとり》をたたかわせる競技《きょうぎ》）用《よう》の鶏《にわとり》を訓練《くんれん》する男《おとこ》がいた。男《おとこ》は、王《おう》がまだかまだかと催促《さいそく》するのを待《ま》たせ、訓練《くんれん》を続《つづ》けた。そして、『そろそろよいでしょう。ほかの鶏《にわとり》の鳴《な》き声《ごえ》を聞《き》いても動《うご》きません。まるで木彫《きぼ》りの鶏《にわとり》のようです。こういう鶏《にわとり》であれば、ほかの鶏《にわとり》たちは、姿《すがた》を見《み》ただけでにげ出《だ》すでしょう』と言《い》った」という話《はなし》があります。

　双葉山《ふたばやま》は日《ひ》ごろから、この「木鶏《もっけい》」の境地《きょうち》をめざしていました。敵《てき》がだれであっても動《どう》じない心境《しんきょう》を心《こころ》がけていたのです。

　70連勝《れんしょう》を目前《もくぜん》にした敗戦《はいせん》の後《あと》、双葉山《ふたばやま》は「イマダモクケイタリエズ」と知人《ちじん》に電報《でんぽう》を打《う》ちました。「自分《じぶん》はまだ木鶏《もっけい》の境地《きょうち》になれていない」と伝《つた》えたのです。

昭和《しょうわ》14年一月場所《ねんいちがつばしょ》の前《まえ》、双葉山《ふたばやま》は中国北部《ちゅうごくほくぶ》の巡業《じゅんぎょう》でアメーバ赤痢《せきり》にかかり、日本《にっぽん》に帰《かえ》ってしばらく入院《にゅういん》していた。体重《たいじゅう》も20kg以上減《いじょうへ》るという、体調《たいちょう》が万全《ばんぜん》でない中《なか》で出場《しゅつじょう》していた。

偉大《いだい》な足跡《そくせき》

相撲《すもう》は記録《きろく》もおもしろい

順位《じゅんい》と数字《すうじ》に、数々《かずかず》のドラマが見《み》えてきます。

※平成《へいせい》30（2018）年一月場所終了時点《ねんいちがつばしょしゅうりょうじてん》のデータです。力士名《りきしめい》の後《あと》の数字《すうじ》は現役《げんえき》をつとめた年代《ねんだい》。

通算出場回数《つうさんしゅつじょうかいすう》

現役時代《げんえきじだい》を通《とお》しての取組回数《とりくみかいすう》（不戦勝《ふせんしょう》をふくむ）の合計《ごうけい》。

順位《じゅんい》	力士名《りきしめい》		回数《かいすう》
1	大潮《おおしお》	(1962～1988)	1891回《かい》
2	旭天鵬《きょくてんほう》	(1992～2015)	1871回《かい》
3	寺尾《てらお》	(1979～2002)	1795回《かい》
4	魁皇《かいおう》	(1988～2011)	1731回《かい》
5	安美錦《あみにしき》	(1997～)	1692回《かい》
6	若の里《わかのさと》	(1992～2015)	1691回《かい》
7	高見山《たかみやま》	(1964～1984)	1654回《かい》
8	青葉城《あおばじょう》	(1964～1986)	1630回《かい》
9	富士櫻《ふじざくら》	(1963～1985)	1613回《かい》
10	安芸乃島《あきのしま》	(1982～2003)	1575回《かい》

1位《い》の大潮《おおしお》は、26年間現役《ねんかんげんえき》をつとめた。けがが少《すく》なく、休場《きゅうじょう》が少《すく》ない力士《りきし》たちだ。

幕内出場回数《まくうちしゅつじょうかいすう》

幕内《まくうち》を通《とお》しての取組回数《とりくみかいすう》（不戦勝《ふせんしょう》をふくむ）の合計《ごうけい》。

順位《じゅんい》	力士名《りきしめい》		回数《かいすう》
1	旭天鵬《きょくてんほう》	(1992～2015)	1470回《かい》
2	魁皇《かいおう》	(1988～2011)	1444回《かい》
3	高見山《たかみやま》	(1964～1984)	1430回《かい》
4	安美錦《あみにしき》	(1997～)	1393回《かい》
5	寺尾《てらお》	(1979～2002)	1378回《かい》
6	安芸乃島《あきのしま》	(1982～2003)	1283回《かい》
7	琴ノ若《ことのわか》	(1984～2005)	1260回《かい》
8	豪風《たけかぜ》	(2002～)	1244回《かい》
9	麒麟児《きりんじ》	(1967～1988)	1221回《かい》
10	土佐ノ海《とさのうみ》	(1994～2011)	1183回《かい》

旭天鵬《きょくてんほう》は、幕内在位場所数《まくうちざいいばしょすう》で2位《い》。ここでは、休場《きゅうじょう》が少《すく》なかった旭天鵬《きょくてんほう》が1位《い》。

通算勝ち星数《つうさんかちぼしすう》

現役時代《げんえきじだい》を通《とお》しての勝利数《しょうりすう》（不戦勝《ふせんしょう》をふくむ）。

順位《じゅんい》	力士名《りきしめい》		数《すう》
1	白鵬《はくほう》	(2001～)	1066勝《しょう》
2	魁皇《かいおう》	(1988～2011)	1047勝《しょう》
3	千代の富士《ちよのふじ》	(1970～1991)	1045勝《しょう》
4	大潮《おおしお》	(1962～1988)	964勝《しょう》
5	北の湖《きたのうみ》	(1967～1985)	951勝《しょう》
6	旭天鵬《きょくてんほう》	(1992～2015)	927勝《しょう》
7	若の里《わかのさと》	(1992～2015)	914勝《しょう》
8	大鵬《たいほう》	(1956～1971)	872勝《しょう》
9	寺尾《てらお》	(1979～2002)	860勝《しょう》
10	安美錦《あみにしき》	(1997～)	854勝《しょう》

10位《い》までに、横綱《よこづな》は4人《にん》。関取《せきとり》として現役《げんえき》を長《なが》くつとめた力士《りきし》の勝《か》ち星《ぼし》が多《おお》い。

幕内勝ち星数《まくうちかちぼしすう》

幕内《まくうち》を通《とお》しての勝利数《しょうりすう》（不戦勝《ふせんしょう》をふくむ）。

順位《じゅんい》	力士名《りきしめい》		数《すう》
1	白鵬《はくほう》	(2001～)	972勝《しょう》
2	魁皇《かいおう》	(1988～2011)	879勝《しょう》
3	千代の富士《ちよのふじ》	(1970～1991)	807勝《しょう》
4	北の湖《きたのうみ》	(1967～1985)	804勝《しょう》
5	大鵬《たいほう》	(1956～1971)	746勝《しょう》
6	日馬富士《はるまふじ》	(2001～2017)	712勝《しょう》
7	武蔵丸《むさしまる》	(1989～2003)	706勝《しょう》
8	稀勢の里《きせのさと》	(2002～)	704勝《しょう》
9	貴乃花《たかのはな》	(1988～2003)	701勝《しょう》
10	旭天鵬《きょくてんほう》	(1992～2015)	697勝《しょう》

長《なが》く横綱《よこづな》・大関《おおぜき》をつとめた力士《りきし》がほとんど。魁皇《かいおう》と旭天鵬《きょくてんほう》以外《いがい》は横綱《よこづな》。

連続出場回数《れんぞくしゅつじょうかいすう》

初土俵以来休《はつどひょういらいやす》まず出場《しゅつじょう》し、取組《とりくみ》をした回数《かいすう》（不戦勝《ふせんしょう》をふくむ）。

順位《じゅんい》	力士名《りきしめい》		回数《かいすう》
1	青葉城《あおばじょう》	(1964～1986)	1630回《かい》
2	富士櫻《ふじざくら》	(1963～1985)	1543回《かい》
3	貴闘力《たかとうりき》	(1983～2002)	1456回《かい》
4	高見山《たかみやま》	(1964～1984)	1425回《かい》
5	大竜川《だいりゅうがわ》	(1961～1979)	1367回《かい》
6	寺尾《てらお》	(1979～2002)	1359回《かい》
7	豊ノ海《とよのうみ》	(1981～1999)	1316回《かい》
8	飛騨乃花《ひだのはな》	(1969～1989)	1297回《かい》
9	蜂矢《はちや》	(1968～1987)	1263回《かい》
10	白田山《しらたやま》	(1959～1977)	1202回《かい》

青葉城《あおばじょう》は、初土俵《はつどひょう》から引退《いんたい》まで1回《かい》も休場《きゅうじょう》がなく、「鉄人《てつじん》」と呼《よ》ばれた。

幕内連続出場回数《まくうちれんぞくしゅつじょうかいすう》

幕内《まくうち》で休《やす》まず出場《しゅつじょう》し、取組《とりくみ》をした回数《かいすう》（不戦勝《ふせんしょう》をふくむ）。

順位《じゅんい》	力士名《りきしめい》		回数《かいすう》
1	高見山《たかみやま》	(1964～1984)	1231回《かい》
2	巨砲《おおづつ》	(1971～1992)	1170回《かい》
3	黒姫山《くろひめやま》	(1964～1982)	1065回《かい》
4	寺尾《てらお》	(1979～2002)	1063回《かい》
5	長谷川《はせがわ》	(1960～1976)	1024回《かい》
6	貴闘力《たかとうりき》	(1983～2002)	975回《かい》
7	大晃《おおひかり》	(1944～1963)	945回《かい》
8	青ノ里《あおのさと》	(1953～1969)	885回《かい》
8	金城《かねしろ》	(1969～1987)	885回《かい》
10	北の湖《きたのうみ》	(1967～1985)	863回《かい》

けがが少《すく》なく、幕内《まくうち》をつとめる実力《じつりょく》が必要《ひつよう》。高見山《たかみやま》の記録《きろく》は、14年近《ねんちか》いもの。

幕内在位場所数《まくうちざいいばしょすう》

幕内力士《まくうちりきし》としてつとめた本場所《ほんばしょ》の数《かず》。

順位《じゅんい》	力士名《りきしめい》		数《かず》
1	魁皇《かいおう》	(1988～2011)	107場所《ばしょ》
2	旭天鵬《きょくてんほう》	(1992～2015)	99場所《ばしょ》
3	高見山《たかみやま》	(1964～1984)	97場所《ばしょ》
4	安美錦《あみにしき》	(1997～)	96場所《ばしょ》
5	寺尾《てらお》	(1979～2002)	93場所《ばしょ》
6	安芸乃島《あきのしま》	(1982～2003)	91場所《ばしょ》
7	琴ノ若《ことのわか》	(1984～2005)	90場所《ばしょ》
8	若の里《わかのさと》	(1992～2015)	87場所《ばしょ》
9	豪風《たけかぜ》	(2002～)	85場所《ばしょ》
10	麒麟児《きりんじ》	(1967～1988)	84場所《ばしょ》

魁皇《かいおう》は、幕内《まくうち》にいた107場所《ばしょ》のうち、65場所《ばしょ》の間《あいだ》、大関《おおぜき》をつとめた。

横綱在位場所数《よこづなざいいばしょすう》

横綱《よこづな》としてつとめた本場所《ほんばしょ》の数《かず》。

順位《じゅんい》	力士名《りきしめい》		数《かず》
1	白鵬《はくほう》	(2001～)	64場所《ばしょ》
2	北の湖《きたのうみ》	(1967～1985)	63場所《ばしょ》
3	千代の富士《ちよのふじ》	(1970～1991)	59場所《ばしょ》
4	大鵬《たいほう》	(1956～1971)	58場所《ばしょ》
5	貴乃花《たかのはな》	(1988～2003)	49場所《ばしょ》
6	曙《あけぼの》	(1988～2001)	48場所《ばしょ》
7	柏戸《かしわど》	(1954～1969)	47場所《ばしょ》
7	輪島《わじま》	(1970～1981)	47場所《ばしょ》
9	朝青龍《あさしょうりゅう》	(1999～2010)	42場所《ばしょ》
10	千代の山《ちよのやま》	(1942～1959)	32場所《ばしょ》

白鵬《はくほう》と北の湖《きたのうみ》は、10年以上《ねんいじょう》の横綱在位《よこづなざいい》。千代《ちよ》の山《やま》は、年間《ねんかん》4・5場所《ばしょ》の時代《じだい》も。

十両昇進《じゅうりょうしょうしん》、幕内昇進《まくうちしょうしん》、小結昇進《こむすびしょうしん》、関脇昇進《せきわけしょうしん》、大関昇進《おおぜきしょうしん》、幕内優勝《まくうちゆうしょう》の最年少記録《さいねんしょうきろく》は、いずれも貴乃花《たかのはな》（当時《とうじ》、貴花田《たかはなだ》・貴ノ花《たかのはな》）が持《も》っている。横綱昇進《よこづなしょうしん》の最年少記録《さいねんしょうきろく》は北《きた》の湖《うみ》の21歳《さい》2か月《げつ》。それ以前《いぜん》の大鵬《たいほう》の21歳《さい》3か月《げつ》を上回《うわまわ》った。

幕内《まくうち》優勝回数《ゆうしょうかいすう》

幕内《まくうち》で優勝《ゆうしょう》した回数《かいすう》。

順位《じゅんい》	力士名《りきしめい》		回数《かいすう》
1	白鵬《はくほう》	(2001～)	40回《かい》
2	大鵬《たいほう》	(1956～1971)	32回《かい》
3	千代《ちよ》の富士《ふじ》	(1970～1991)	31回《かい》
4	朝青龍《あさしょうりゅう》	(1999～2010)	25回《かい》
5	北《きた》の湖《うみ》	(1967～1985)	24回《かい》
6	貴乃花《たかのはな》	(1988～2003)	22回《かい》
7	輪島《わじま》	(1970～1981)	14回《かい》
8	双葉山《ふたばやま》	(1927～1945)	12回《かい》
8	武蔵丸《むさしまる》	(1989～2003)	12回《かい》
10	曙《あけぼの》	(1988～2001)	11回《かい》

長《なが》い間《あいだ》大鵬《たいほう》の32回《かい》が最多《さいた》だったが、白鵬《はくほう》がこれを破《やぶ》り、数《かず》をのばしている。大鵬《たいほう》、千代《ちよ》の富士《ふじ》、北《きた》の湖《うみ》、貴乃花《たかのはな》には、一代年寄《いちだいとしより》（一代限《いちだいかぎ》りの年寄名跡《としよりみょうせき》）がおくられている（千代《ちよ》の富士《ふじ》は辞退《じたい》）。

幕内《まくうち》連勝数《れんしょうすう》

幕内《まくうち》での連勝記録《れんしょうきろく》（昭《しょう》和時代以降《わじだいいこう》）。

順位《じゅんい》	力士名《りきしめい》		数《すう》
1	双葉山《ふたばやま》	(1927～1945)	69連勝《れんしょう》
2	白鵬《はくほう》	(2001～)	63連勝《れんしょう》
3	千代《ちよ》の富士《ふじ》	(1970～1991)	53連勝《れんしょう》
4	大鵬《たいほう》	(1956～1971)	45連勝《れんしょう》
5	白鵬《はくほう》	(2001～)	43連勝《れんしょう》
6	双葉山《ふたばやま》	(1927～1945)	36連勝《れんしょう》
6	白鵬《はくほう》	(2001～)	36連勝《れんしょう》
8	朝青龍《あさしょうりゅう》	(1999～2010)	35連勝《れんしょう》
9	大鵬《たいほう》	(1956～1971)	34連勝《れんしょう》
9	大鵬《たいほう》	(1956～1971)	34連勝《れんしょう》

双葉山《ふたばやま》の69連勝《れんしょう》は、昭和《しょうわ》11年《ねん》から昭和《しょうわ》14年《ねん》までかけて達成《たっせい》されたもの。この間《かん》に双葉山《ふたばやま》は前頭三枚目《まえがしらさんまいめ》から横綱《よこづな》まで昇進《しょうしん》した。

幕内連続《まくうちれんぞく》勝《か》ちこし場所数《ばしょすう》

幕内《まくうち》で連続《れんぞく》して勝《か》ちこした本場所《ほんばしょ》の数《かず》。

順位《じゅんい》	力士名《りきしめい》		数《すう》
1	白鵬《はくほう》	(2001～)	51場所《ばしょ》
2	北《きた》の湖《うみ》	(1967～1985)	50場所《ばしょ》
3	武蔵丸《むさしまる》	(1989～2003)	49場所《ばしょ》
4	若乃花《わかのはな》二代《にだい》	(1968～1983)	28場所《ばしょ》
4	旭富士《あさひふじ》	(1981～1992)	28場所《ばしょ》
6	玉《たま》の海《うみ》	(1959～1971)	27場所《ばしょ》
7	玉錦《たまにしき》	(1919～1938)	26場所《ばしょ》
7	北《きた》の富士《ふじ》	(1957～1974)	26場所《ばしょ》
7	朝潮《あさしお》	(1978～1989)	26場所《ばしょ》
10	大鵬《たいほう》	(1956～1971)	25場所《ばしょ》
10	琴風《ことかぜ》	(1971～1985)	25場所《ばしょ》

3位《い》の武蔵丸《むさしまる》は、幕内《まくうち》に上《あ》がってから一度《いちど》も負《ま》けこしを経験《けいけん》しないまま横綱《よこづな》になった。入幕前《にゅうまくまえ》も、幕下《まくした》の時《とき》に一度《いちど》だけ負《ま》けこしがあっただけ。

三賞獲得回数《さんしょうかくとくかいすう》

殊勲賞《しゅくんしょう》、敢闘賞《かんとうしょう》、技能賞《ぎのうしょう》のいずれかを受賞《じゅしょう》した回数《かいすう》。

順位《じゅんい》	力士名《りきしめい》		回数《かいすう》
1	安芸乃島《あきのしま》	(1982～2003)	19回《かい》
2	琴錦《ことにしき》	(1984～2000)	18回《かい》
3	魁皇《かいおう》	(1988～2011)	15回《かい》
4	鶴ケ嶺《つるがみね》	(1947～1967)	14回《かい》
4	朝潮《あさしお》	(1978～1989)	14回《かい》
4	貴闘力《たかとうりき》	(1983～2002)	14回《かい》
7	武双山《むそうやま》	(1993～2004)	13回《かい》
7	土佐《とさ》ノ海《うみ》	(1994～2011)	13回《かい》
7	琴光喜《ことみつき》	(1999～2010)	13回《かい》
10	栃東《とちあずま》	(1994～2007)	12回《かい》

安芸乃島《あきのしま》は、殊勲賞《しゅくんしょう》7回《かい》、敢闘賞《かんとうしょう》8回《かい》、技能賞《ぎのうしょう》4回受賞《かいじゅしょう》。10位《い》までの力士《りきし》は、ほとんどが、三賞《さんしょう》とも受賞《じゅしょう》している（魁皇《かいおう》は殊勲賞《しゅくんしょう》と敢闘賞《かんとうしょう》のみ）。

幕内《まくうち》全勝優勝回数《ぜんしょうゆうしょうかいすう》

幕内《まくうち》で全勝優勝《ぜんしょうゆうしょう》した回数《かいすう》。

順位《じゅんい》	力士名《りきしめい》		回数《かいすう》
1	白鵬《はくほう》	(2001～)	13回《かい》
2	双葉山《ふたばやま》	(1927～1945)	8回《かい》
2	大鵬《たいほう》	(1956～1971)	8回《かい》
4	北《きた》の湖《うみ》	(1967～1985)	7回《かい》
4	千代《ちよ》の富士《ふじ》	(1970～1991)	7回《かい》
6	太刀山《たちやま》	(1900～1918)	5回《かい》
6	朝青龍《あさしょうりゅう》	(1999～2010)	5回《かい》
8	羽黒山《はぐろやま》	(1934～1953)	4回《かい》
8	貴乃花《たかのはな》	(1988～2003)	4回《かい》
10	常《つね》ノ花《はな》	(1910～1930)	3回《かい》
10	北《きた》の富士《ふじ》	(1957～1974)	3回《かい》
10	輪島《わじま》	(1970～1981)	3回《かい》
10	日馬富士《はるまふじ》	(2001～2017)	3回《かい》

双葉山《ふたばやま》、太刀山《たちやま》、羽黒山《はぐろやま》、常ノ花《つねのはな》は、一場所《ひとばしょ》が10日《か》・11日《にち》・13日《にち》だったころの全勝優勝《ぜんしょうゆうしょう》もふくむ。双葉山《ふたばやま》は、12回《かい》の優勝《ゆうしょう》のうち8回《かい》（うち5回連続《かいれんぞく》）、太刀山《たちやま》は9回《かい》の優勝《ゆうしょう》のうち5回《かい》が全勝《ぜんしょう》。

金星獲得数《きんぼしかくとくすう》

平幕《ひらまく》（前頭《まえがしら》）で横綱《よこづな》に勝《か》った回数《かいすう》。

順位《じゅんい》	力士名《りきしめい》		数《すう》
1	安芸乃島《あきのしま》	(1982～2003)	16個《こ》
2	高見山《たかみやま》	(1964～1984)	12個《こ》
2	栃乃洋《とちのなだ》	(1996～2012)	12個《こ》
4	土佐《とさ》ノ海《うみ》	(1994～2011)	11個《こ》
5	北《きた》の洋《なだ》	(1940～1962)	10個《こ》
5	安念山《あんねんやま》	(1950～1965)	10個《こ》
5	鶴ケ嶺《つるがみね》	(1947～1967)	10個《こ》
5	出羽錦《でわにしき》	(1940～1964)	10個《こ》
5	巨砲《おおづつ》	(1971～1992)	10個《こ》
10	三根山《みつねやま》	(1937～1960)	9個《こ》
10	玉乃海《たまのうみ》	(1937～1961)	9個《こ》
10	長谷川《はせがわ》	(1960～1976)	9個《こ》
10	富士櫻《ふじざくら》	(1963～1985)	9個《こ》
10	貴闘力《たかとうりき》	(1983～2002)	9個《こ》

1位《い》の安芸乃島《あきのしま》は、大乃国《おおのくに》、千代《ちよ》の富士《ふじ》、北勝海《ほくとうみ》、旭富士《あさひふじ》、曙《あけぼの》、武蔵丸《むさしまる》と、対戦《たいせん》したすべての横綱《よこづな》から金星《きんぼし》を得《え》ている。

まだまだあります記録集《きろくしゅう》

●幕内連続《まくうちれんぞく》10勝以上《しょういじょう》の大記録《だいきろく》！

白鵬《はくほう》の51場所連続《ばしょれんぞく》が断《だん》トツトップ。2位北《いきた》の湖《うみ》37場所《ばしょ》、3位大鵬《いたいほう》25場所《ばしょ》、4位二代若《いにだいわか》乃花《のはな》23場所《ばしょ》、5位初代若乃花《いしょだいわかのはな》22場所《ばしょ》。貴乃花《たかのはな》、柏戸《かしわど》、輪島《わじま》、旭富士《あさひふじ》が続《つづ》く。白鵬《はくほう》は12勝以《しょうい》上《じょう》で22場所《ばしょ》、13勝以上《しょういじょう》で9場《ば》所《しょ》、14勝以上《しょういじょう》で6場所連続《ばしょれんぞく》を達成《たっせい》。いずれも歴代《れきだい》1位《い》だ。

●一場所《ひとばしょ》で3回《かい》の不戦勝《ふせんしょう》

平成《へいせい》14年五月場所《ねんごがつばしょ》で、十両《じゅうりょう》の春日錦《かすがにしき》が、11日目《にちめ》、13日目《にちめ》、千秋楽《せんしゅうらく》に3回《かい》も不戦勝《ふせんしょう》に。そのおかげか（?）、この場所《ばしょ》は、9勝《しょう》6敗《ぱい》と勝《か》ちこせた。

●休場《きゅうじょう》したのに優勝《ゆうしょう》!?

昭和《しょうわ》48年十一月場所《ねんじゅういちがつばしょ》で、横綱《よこづな》輪島《わじま》は、12日目《にちめ》まで全勝《ぜんしょう》だったが、13日目《にちめ》に敗《やぶ》れ、その時《とき》のけがのために休場《きゅうじょう》した。その結果《けっか》、12勝《しょう》2敗《はい》1休《きゅう》となったが、それを上回《うわまわ》る成績《せいせき》の力士《りきし》がおらず優勝《ゆうしょう》した。昭和《しょうわ》時代以降《じだいいこう》では唯一《ゆいいつ》の記録《きろく》だ。

●十両《じゅうりょう》と幕内《まくうち》を行《い》ったり来《き》たり

通算出場回数《つうさんしゅつじょうかいすう》で1位《い》にかがやく大潮《おおしお》は、十両《じゅうりょう》と幕内《まくうち》を行《い》き来《き》することが多《おお》く、なんと13回《かい》も幕内《まくうち》に昇進《しょうしん》するという最多記録《さいたきろく》も持《も》っている。このように、上《うえ》と下《した》を何度《なんど》も行《い》ったり来《き》たりする力士《りきし》は、「エレベーター力士《りきし》」と呼《よ》ばれる。

昭和《しょうわ》36年五月場所《ねんごがつばしょ》で、前頭十三枚目《まえがしらじゅうさんまいめ》の佐田《さだ》の山《やま》（後《のち》の横綱《よこづな》）が、12勝《しょう》3敗《ぱい》で平幕優勝《ひらまくゆうしょう》した。ところが、3敗《ぱい》のうち1つは、十両力士《じゅうりょうりきし》との対戦《たいせん》での負《ま》けだった。これも大変《たいへん》めずらしい記録《きろく》だ。

神事《しんじ》との関《かか》わり

祭《まつ》りと相撲《すもう》

神社《じんじゃ》や祭礼《さいれい》で、相撲《すもう》を取《と》ることがあります。

農業《のうぎょう》と相撲《すもう》の深《ふか》い関係《かんけい》

日本《にほん》では相撲《すもう》は、農業《のうぎょう》が始《はじ》まったころから行《おこな》われていたと考《かんが》えられています（→5ページ）。相撲《すもう》を取《と》って、農作物《のうさくもつ》が豊《ゆた》かに実《みの》ることを願《ねが》ったり、また、後《のち》には、農作《のうさく》物《もつ》が豊《ゆた》かに実《みの》るかどうかを神《かみ》にたずねたりする、つまり、占《うらな》いのひとつとして行《おこな》われることもありました。このように、神《かみ》への祈《いの》りや占《うらな》いとして行《おこな》われた相撲《すもう》を、神事《しんじ》相撲《すもう》と呼《よ》びます。

現在《げんざい》の大相撲《おおずもう》では、明治神宮《めいじじんぐう》（東京都《とうきょうと》）や伊勢神宮《いせじんぐう》（三重県《みえけん》）などで、横綱土俵入《よこづなどひょうい》りや奉納相撲《ほうのうずもう》を行《おこな》っています。また、道具《どうぐ》や所作《しょさ》の中《なか》にも、神《かみ》との関係《かんけい》を表《あらわ》すものがいろいろと見《み》られます。

写真／日本相撲協会

各地《かくち》の祭《まつ》りで行《おこな》われる相撲《すもう》

神事《しんじ》としての相撲《すもう》は現在《げんざい》も受《う》けつがれていて、神社《じんじゃ》での祭《まつ》りでは神《かみ》に奉納《ほうのう》する意味合《いみあ》いで行《おこな》われているものも多《おお》くあります。

これとは別《べつ》に、祭《まつ》りに集《あつ》まる人々《ひとびと》を楽《たの》しませるためや、祭《まつ》りを盛《も》り上《あ》げるために相撲《すもう》が行《おこな》われることもあります。

写真／居木神社

赤《あか》ちゃんを〝対戦《たいせん》〟させる泣《な》き相撲《すもう》。写真《しゃしん》は、東京都品川区《とうきょうとしながわく》の居木神社《いるぎじんじゃ》での泣《な》き相撲《すもう》の様子《ようす》。泣《な》き相撲《すもう》には、子《こ》どものすこやかな成長《せいちょう》を願《ねが》う意味《いみ》がある。

写真／鹿嶋市

茨城県鹿嶋市《いばらきけんかしまし》の鹿島神宮《かしまじんぐう》で行《おこな》われる相撲祭《すもうまつり》。10歳《さい》までの男児《だんじ》が盛装《せいそう》して化粧《けしょう》まわしをつけ、大人《おとな》にだかれて取組《とりくみ》をする。勝《か》ち負《ま》けはつけず、引《ひ》き分《わ》けにする。

泣《な》き相撲《すもう》は、先《さき》に泣《な》いた赤《あか》ちゃんを勝《か》ちとする場合《ばあい》や、その逆《ぎゃく》に負《ま》けとする場合《ばあい》、また、大声《おおごえ》で泣《な》いた方《ほう》を勝《か》ちとする場《ば》合《あい》など、さまざまなやり方《かた》がある。赤《あか》ちゃんにしこ名《な》をつけたり、化粧《けしょう》まわしをつけたりすることもある。

写真／宮地嶽神社

神社《じんじゃ》にあるしめなわ。横綱《よこづな》がしめる〝横綱《よこづな》〟は、もともと、しめなわを巻《ま》いたことに始《はじ》まったとする説《せつ》もある。

明治神宮《めいじじんぐう》（東京都《とうきょうと》）の境内《けいだい》で行《おこな》われた奉納土俵入《ほうのうどひょうい》り。新《あたら》しく横綱《よこづな》が誕生《たんじょう》すると、明治神宮《めいじじんぐう》で、横綱土《よこづなど》俵入《ひょうい》りが行《おこな》われる。（正確《せいかく》には土俵《どひょう》でないので「手数入《でずい》り」と呼《よ》ばれることもある。）

写真協力／豊田若宮神社　撮影／井上博司

奉納相撲《ほうのうずもう》は、各地《かくち》の神社《じんじゃ》で行《おこな》われている。写真《しゃしん》は、東《とう》京都日野市《きょうとひのし》の豊田若宮神社《とよだわかみやじんじゃ》の奉納子《ほうのうこ》ども相撲大会《すもうたいかい》。境内《けいだい》に設《もう》けられている土俵上《どひょうじょう》で、小《ち》さな力士《りきし》たちの熱戦《ねっせん》がくり広《ひろ》げられる。

写真／大山祇神社、今治市

愛媛県今治市《えひめけんいまばりし》の大山祇神社《おおやまづみじんじゃ》で行《おこな》われる「一人角力《ひとりすもう》」。だれかと対戦《たいせん》しているかのように、相撲《すもう》を取《と》る。稲《いね》の精《せい》霊《れい》と相撲《すもう》を３番取《ばんと》り、精霊《せいれい》の２勝《しょう》１敗《ぱい》とすることで、豊《ほう》作《さく》を願《ねが》う。

鹿児島県南九州市《かごしまけんみなみきゅうしゅうし》では、旧暦《きゅうれき》８月《がつ》15日《にち》の十五夜《じゅうごや》の日《ひ》に、ソラヨイという行事《ぎょうじ》が行《おこな》われる。子《こ》どもたちが、わらでつくった笠《かさ》をかぶり、四股《しこ》をふむようなしぐさでおどったあと、相撲《すもう》を取《と》る。

受《う》けつがれる伝統《でんとう》

長《なが》い歩《あゆ》みの中《なか》で生《う》まれた儀式《ぎしき》や作法《さほう》などが大切《たいせつ》に伝《つた》わっています。

上段《じょうだん》のかまえを見《み》せる横綱《よこづな》。東京五輪《とうきょうごりん》に向《む》けた国際交流《こくさいこうりゅう》イベント「大相撲《おおずもう》 beyond《ビヨンド》2020場所《ばしょ》」（第《だい》2回《かい》＝2017年《ねん》10月《がつ》）にて。

写真／日本相撲協会

相撲《すもう》の3つの型《かた》
三段《さんだん》がまえ

相撲《すもう》の基本《きほん》を伝《つた》えるために、土俵上《どひょうじょう》で行《おこな》われる儀式《ぎしき》で、明治時代《めいじじだい》に始《はじ》まったとされます。地位《ちい》が最《もっと》も上《うえ》の力士《りきし》2人が、上段《じょうだん》、中段《ちゅうだん》、下段《げだん》のかまえを順《じゅん》に披露《ひろう》します。国技館《こくぎかん》の開館式《かいかんしき》や土俵開《どひょうびら》きのような、特《とく》別《べつ》な行事《ぎょうじ》の時《とき》などに行《おこな》われます。

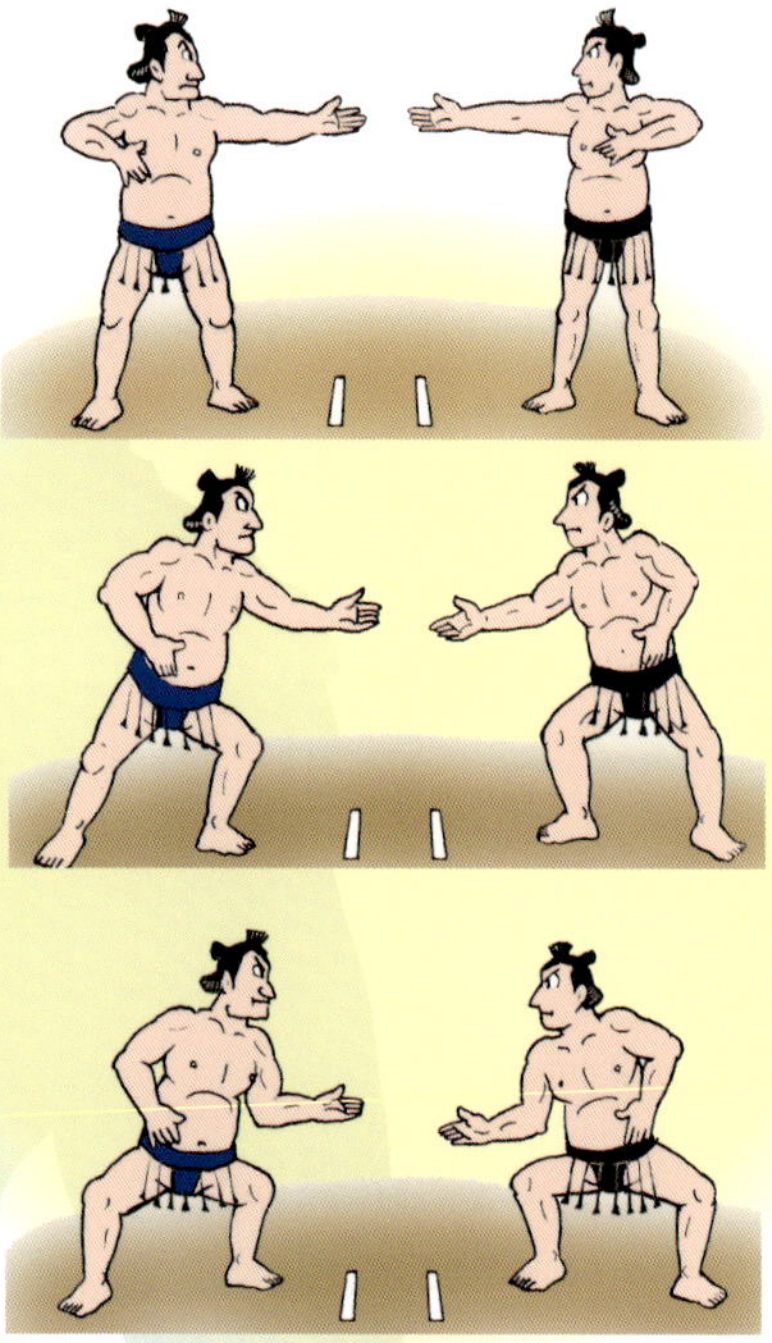

「本然《ほんねん》の体《たい》」とされる上段《じょうだん》のかまえ。

「攻撃《こうげき》の体《たい》」とされる中段《ちゅうだん》のかまえ。

「防御《ぼうぎょ》の体《たい》」とされる下段《げだん》のかまえ。

ユーモアあふれる余興相撲《よきょうずもう》
しょっきり

巡業《じゅんぎょう》などで、相撲《すもう》の基本《きほん》をおもしろおかしく説明《せつめい》する、コントのような出《だ》し物《もの》です。幕《まく》下《した》の力士《りきし》が2名《めい》で演《えん》じ、土俵上《どひょうじょう》の行司《ぎょうじ》を巻《ま》きこむこともあります。力水《ちからみず》を口《くち》にふくんで相《あい》手《て》の顔《かお》にふきかけたり、プロレスのような技《わざ》をかけたりして、観客《かんきゃく》の笑《わら》いをさそいます。相撲《すもう》の所作《しょさ》や決《き》まり手《て》、禁《きん》じ手《て》などをわかりやすく説明《せつめい》する目的《もくてき》があり、江戸時代《えどじだい》から行《おこな》われていたとされます。

写真／日本相撲協会

相手《あいて》の顔《かお》に力水《ちからみず》をふきかける、こっけいな演技《えんぎ》。

明治《めいじ》42（1909）年《ねん》の旧両国国技館開館式《きゅうりょうごくこくぎかんかいかんしき》では常陸山《ひたちやま》と二代梅ヶ谷《にだいうめがたに》、昭和《しょうわ》29（1954）年《ねん》の蔵前国技館開館式《くらまえこくぎかんかいかんしき》では千代《ちよ》の山《やま》と鏡里《かがみさと》、昭和《しょうわ》60（1985）年《ねん》の両国国技館開館式《りょうごくこくぎかんかいかんしき》では千代《ちよ》の富士《ふじ》と北《きた》の湖《うみ》が、三段《さんだん》がまえを行《おこな》った。

情緒《じょうちょ》あふれる
相撲甚句《すもうじんく》

相撲《すもう》の世界《せかい》を歌《うた》った、独特《どくとく》の節回《ふしまわ》しの歌《うた》です。甚句《じんく》とは、七文字《ななもじ》、七文字《ななもじ》、七文字《ななもじ》、五《ご》文字《もじ》の句《く》でできた歌《うた》で民謡《みんよう》のひとつです。巡業《じゅんぎょう》などの取組《とりくみ》前《まえ》に、若手力士《わかてりきし》によって披露《ひろう》されます。土俵中央《どひょうちゅうおう》の力士《りきし》が歌《うた》い、周《まわ》りの力士《りきし》たちが、「はあ、どすこい、どすこい」とはやし声《ごえ》（かけ声《ごえ》）をかけます。もともとは、力士《りきし》が余興《よきょう》として歌《うた》ったものが、江戸《えど》時《じ》代《だい》から明治時代《めいじじだい》にかけてはやり、現在《げんざい》のような形式《けいしき》の歌《うた》になりました。

引退相撲《いんたいずもう》では、その力士《りきし》のことを折《お》りこんだもの、また、地方巡業《ちほうじゅんぎょう》では土地《とち》の名所《めいしょ》の名《な》前《まえ》を入《い》れた新作《しんさく》が披露《ひろう》されることもあります。

巡業《じゅんぎょう》で、相撲甚句《すもうじんく》を披露《ひろう》する力士《りきし》たち。哀愁《あいしゅう》のある曲調《きょくちょう》だ。　写真／日本相撲協会

大相撲《おおずもう》の伝統《でんとう》として受《う》けつがれてきたものだ。

音《おと》で興行《こうぎょう》を知《し》らせる
やぐら太鼓《だいこ》とふれ太鼓《だいこ》

大相撲《おおずもう》の興行《こうぎょう》では、太鼓《たいこ》が重要《じゅうよう》な役割《やくわり》をはたします。やぐらの上《うえ》で打《う》つやぐら太鼓《だいこ》と、かついで打《う》って「ふれて」回《まわ》るふれ太鼓《だいこ》があります。太《たい》鼓《こ》を打《う》つのは、呼出《よびだ》しの役割《やくわり》です。

ふれ太鼓《だいこ》は、本場所《ほんばしょ》の初日《しょにち》の前《まえ》の日《ひ》、土俵祭《どひょうまつり》の終《お》わった後《あと》に、太鼓《たいこ》をかついだ呼出《よびだ》しが、太鼓《たいこ》を打《う》ちながら土俵《どひょう》を3周《しゅう》してから、興行《こうぎょう》の開催《かいさい》を知《し》らせるため、町《まち》に出《で》ていくものです。

やぐら太鼓《だいこ》は、本場所開催《ほんばしょかいさい》中《ちゅう》の朝夕《あさゆう》に打《う》たれます。朝《あさ》8時半《じはん》～9時《じ》に打《う》たれるものを寄《よ》せ太鼓《だいこ》、打《う》ち出《だ》し（一日《いちにち》の興行《こうぎょう》の終《お》わり）で打《う》たれるものをはね太鼓《だいこ》と呼《よ》びます。

土俵祭《どひょうまつり》の後《あと》に、土俵《どひょう》の周《まわ》りを回《まわ》るふれ太鼓《だいこ》。　写真／日本相撲協会

両国国技館《りょうごくこくぎかん》のやぐら太鼓《だいこ》。エレベーターつき。

寄《よ》せ太鼓《だいこ》は、本場所《ほんばしょ》が開催《かいさい》されていることを知《し》らせ、客《きゃく》を寄《よ》せる意味《いみ》がある。はね太鼓《だいこ》は、一日《いちにち》の興行《こうぎょう》の終《お》わりを知《し》らせる意味《いみ》がある。はね太鼓《だいこ》には、明日《あした》も来《き》てほしいという意味《いみ》もあるので、千秋楽《せんしゅうらく》や１日限《にちかぎ》りの興行《こうぎょう》では打《う》たない。

相撲見聞録《すもうけんぶんろく》

外国人《がいこくじん》が見《み》た相撲《すもう》

宣教師《せんきょうし》が書《か》いた相撲《すもう》

16世紀後半《せいきこうはん》、キリスト教《きょう》を広《ひろ》めるために、ポルトガルからはるばる日本《にっぽん》を訪《おとず》れた宣教師《せんきょうし》のルイス・フロイスは、当時《とうじ》の日本《にっぽん》のことを、報告書《ほうこくしょ》にまとめています（『日本史《にほんし》』）。武将《ぶしょう》の織田信長《おだのぶなが》のことを述《の》べた報告《ほうこく》の中《なか》で、「（信長《のぶなが》は）目前《もくぜん》で身分《みぶん》の高《たか》い者《もの》も低《ひく》い者《もの》も裸体《らたい》で相撲《すもう》をとらせることをはなはだ好《この》んだ」という記述《きじゅつ》があります。客観的《きゃっかんてき》な記述《きじゅつ》に徹《てっ》したフロイスは、相撲《すもう》についての感想《かんそう》は残《のこ》していません。ヨーロッパの人《ひと》の目《め》に、相撲《すもう》はどのように映《うつ》ったのでしょうか。

ペリー、相撲《すもう》を見《み》る

17世紀前半《せいきぜんはん》から、日本《にっぽん》は、外国《がいこく》との交流《こうりゅう》をほとんどしていませんでしたが（鎖国《さこく》）、嘉永《かえい》6（1853）年《ねん》、アメリカのペリー提督《ていとく》が率《ひき》いる軍艦《ぐんかん》が、ついに日本《にっぽん》の開国《かいこく》を求《もと》めてやってきました。翌年《よくねん》、再《ふたた》び訪《おとず》れたペリーたちは、日本《にっぽん》の力士《りきし》たちが相撲《すもう》を取《と》る様子《ようす》を目《め》にしています。日本側《にっぽんがわ》は、さらに、アメリカへのおくり物《もの》として用意《ようい》した200俵《ぴょう》の米俵《こめだわら》を、当時《とうじ》の花形力士《はながたりきし》たち25人《にん》に運《はこ》ばせました。米俵《こめだわら》を軽々《かるがる》とかつぐ力士《りきし》たちの姿《すがた》は、ペリーたちをおどろかせます。この時《とき》の様子《ようす》は、すぐに瓦版《かわらばん》（現在《げんざい》の新聞《しんぶん》に当《あ》たる）に刷《す》られて売《う》り出《だ》されました。

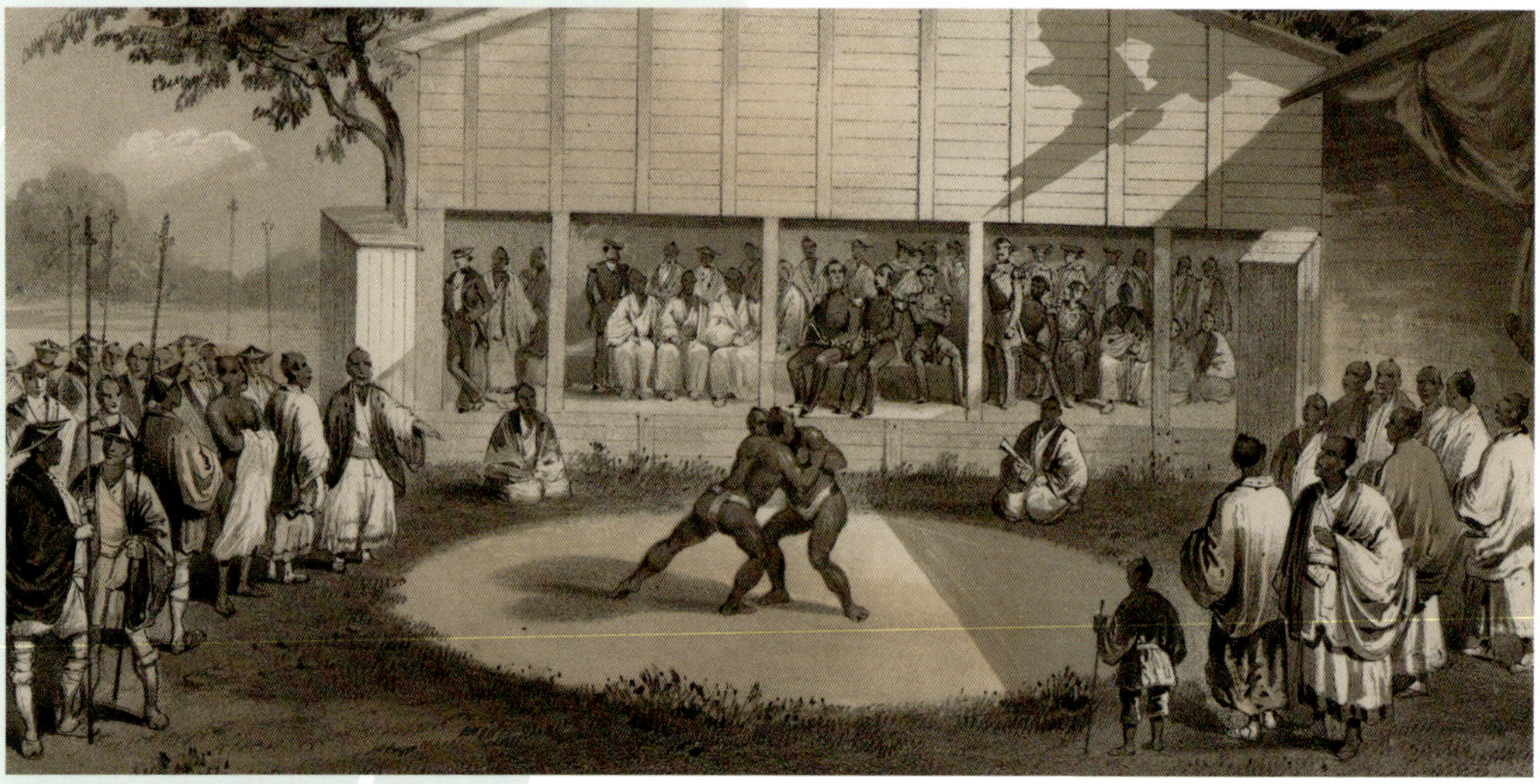

ペリーたちの前《まえ》で相撲《すもう》を取《と》る力士《りきし》。

『ペリー提督日本遠征記』より「横浜での相撲力士たち（wrestlers）」

写真／ Bridgeman Images/PPS 通信社

力士《りきし》の巨体《きょたい》に、怪力《かいりき》に、また、ユニークな相撲《すもう》のしきたりに、おどろいたり魅《み》せられたりした様子《ようす》がわかります。

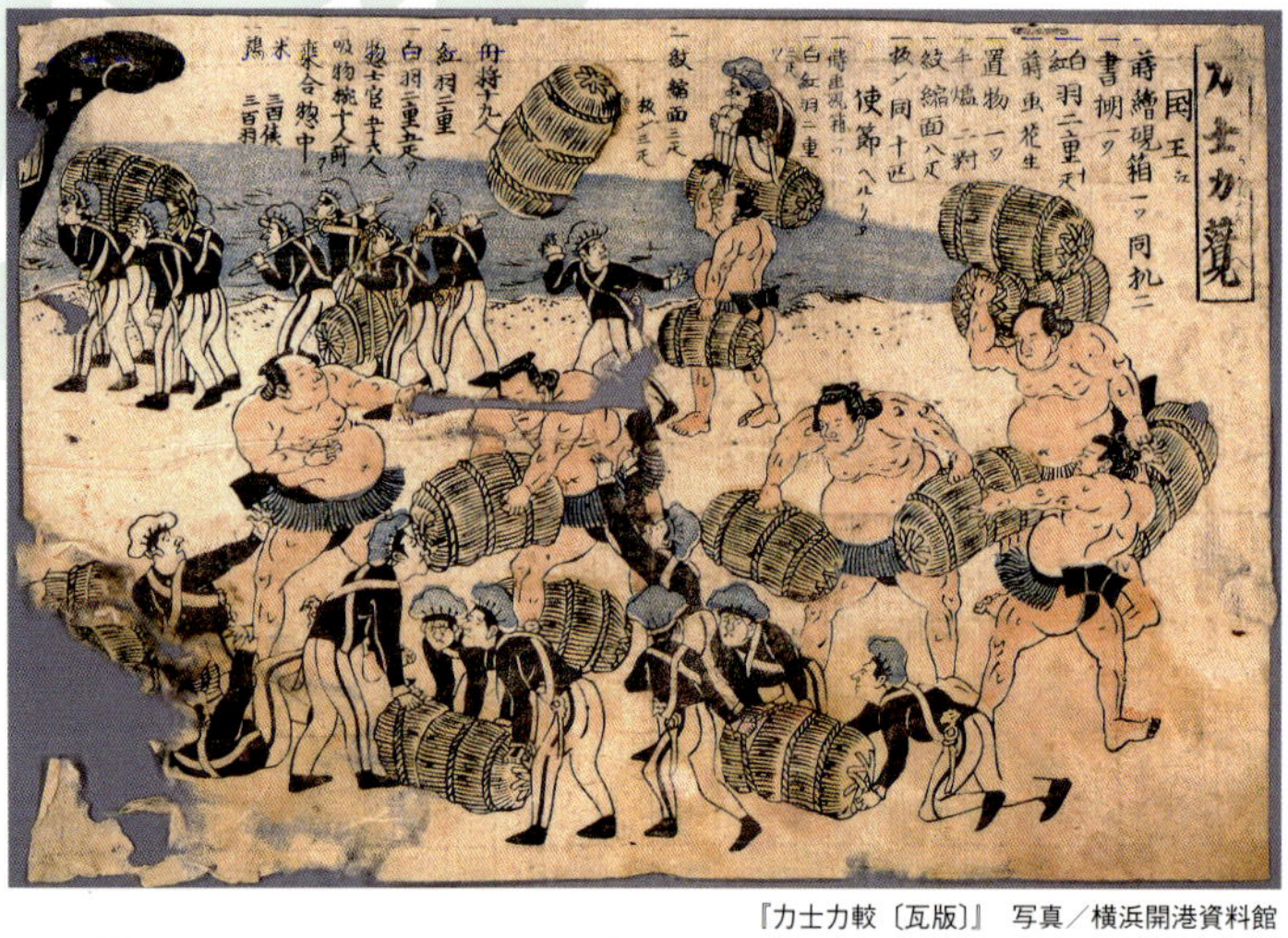

『力士力較〔瓦版〕』 写真／横浜開港資料館

当時《とうじ》の瓦版《かわらばん》。アメリカの兵士《へいし》が2、3人《にん》がかりでも持《も》てない米俵《こめだわら》を、軽々《かるがる》と運《はこ》ぶ力士《りきし》たちの姿《すがた》がえがかれている。

ペリーたちに、土俵入《どひょうい》りやけいこの様子《ようす》も見《み》せたのだ。

ペリーは、『ペリー提督日本遠征記《ていとくにっぽんえんせいき》』の中《なか》で力士《りきし》について「身《み》の丈《たけ》は驚《おどろ》く程高《ほどたか》く、体重《たいじゅう》も偉大《いだい》な者達《ものたち》であった。彼《かれ》らは（中《ちゅう》略《りゃく》）巨大《きょだい》な四肢《しし》を露《あら》はし、筋肉《きんにく》のもり上《あが》つた肥満《ひまん》して幅広《はばひろ》い肉塊《にくかい》を現《あらわ》してゐ《い》た」と表現《ひょうげん》している。

立合《たちあ》いは、〝バランスの奇跡《きせき》〟

フランスの詩人《しじん》、ジャン・コクトー（1889〜1963年《ねん》）は、昭和《しょうわ》11（1936）年《ねん》に日本《にっぽん》を訪《おとず》れました。日本《にっぽん》の文化《ぶんか》に接《せっ》し、中《なか》でも相撲《すもう》と歌舞伎《かぶき》に感心《かんしん》したといいます。彼《かれ》は、画家《がか》の藤田嗣治《ふじたつぐはる》と詩人《しじん》の堀口大學《ほりぐちだいがく》に案内《あんない》され、同年夏場所六日目《どうねんなつばしょむいかめ》の、双葉山《ふたばやま》と綾昇《あやのぼり》の取組《とりくみ》などを観戦《かんせん》します。相撲《すもう》の力士《りきし》のことを「桃色《ももいろ》の若《わか》い巨人《きょじん》で、シクスティン礼拝堂《れいはいどう》の天井画《てんじょうが》からぬけ出《だ》してきた、たぐいまれな人種《じんしゅ》のよう」、「古昔《こせき》の美学《びがく》に準拠《じゅんきょ》して特殊《とくしゅ》の割《わり》合《あい》で分布《ぶんぷ》された力《ちから》を示《しめ》している」などとたたえ、立合《たちあ》いの一瞬《いっしゅん》のことを〝バランスの奇跡《きせき》〟と表現《ひょうげん》しました。

相撲《すもう》をえがいた画家《がか》、ビュフェ

フランスの画家《がか》、ベルナール・ビュフェ（1928〜1999年《ねん》）は、1940年代後半《ねんだいこうはん》ごろから活躍《かつやく》し、油絵《あぶらえ》や版画《はんが》の作品《さくひん》を多《おお》く残《のこ》しました。

昭和《しょうわ》55（1980）年《ねん》を皮切《かわき》りに、たびたび日本《にっぽん》を訪《おとず》れ、富《ふ》士山《じさん》など、日本《にっぽん》で見《み》たものをえがきました。その中《なか》には、相撲《すもう》を題材《だいざい》にした作品《さくひん》もあります。下《した》の作品《さくひん》は、そのひとつ『睨《にら》み合《あ》い』。縦《たて》243㎝、横《よこ》200㎝もある大《おお》きな絵《え》です。

日本《にっぽん》を訪《おとず》れたジャン・コクトー（左《ひだり》）。1週間《しゅうかん》ほど日本《にっぽん》に滞在《たいざい》し、歌舞伎役者《かぶきやくしゃ》に会《あ》うなど、日本文化《にっぽんぶんか》にふれた。右《みぎ》が詩人《しじん》の堀口大學《ほりぐちだいがく》。

写真／ Bridgeman Images/PPS 通信社

ビュフェが、相撲《すもう》を題材《だいざい》にかいた油絵《あぶらえ》。

「相撲：睨み合い』ベルナール・ビュフェ　1987 年（油彩・キャンバス）
ベルナール・ビュフェ美術館所蔵

相撲《すもう》好《ず》きのフランス大統領《だいとうりょう》

フランスのジャック・シラク元大統領《もとだいとうりょう》（1932年《ねん》〜）は、日本《にっぽん》の文化《ぶんか》が好《す》きで、何度《なんど》も日《にっ》本《ぽん》を訪《おとず》れています。相撲《すもう》の大《だい》ファンでもあり、大統領《だいとうりょう》を務《つと》めていた時《とき》も、衛星放送《えいせいほうそう》で大相撲《おおずもう》の本場所《ほんばしょ》の取組《とりくみ》を見《み》ていたそうです。平成《へいせい》11（1999）年《ねん》に、日本《にっぽん》の首相《しゅしょう》から、横綱《よこづな》・貴乃花《たかのはな》がしめた「横綱《よこづな》」をおくられた時《とき》は、たいへん喜《よろこ》びました。また、昭和《しょうわ》61（1986）年《ねん》と平《へい》成《せい》7（1995）年《ねん》の大相撲《おおずもう》パリ公演《こうえん》は、どちらもシラク氏《し》が主催《しゅさい》しています。

昭和《しょうわ》61（1986）年《ねん》のパリ公演《こうえん》で、横綱《よこづな》・千《ち》代《よ》の富士《ふじ》と語《かた》るシラク氏《し》（左《ひだり》）。このころは、パリ市《し》長《ちょう》を務《つと》めていた。

写真／ Bridgeman Images/PPS 通信社

イギリス出身《しゅっしん》の喜劇王《きげきおう》チャップリンは、昭和《しょうわ》7（1932）年《ねん》に来日《らいにち》した時《とき》、犬養毅首相《いぬかいつよししゅしょう》と会《あ》う予定《よてい》をキャンセルして大相撲《おおずもう》を見《み》に行《い》った。ちょうどその日《ひ》、犬養首相《いぬかいしゅしょう》が海軍将校《かいぐんしょうこう》らにおそわれる五《ご》・一五事件《いちごじけん》が起《お》こった。

相撲《すもう》を味《あじ》わう

相撲《すもう》と文学《ぶんがく》

和歌《わか》や説話《せつわ》、軍記物《ぐんきもの》、俳句《はいく》や川柳《せんりゅう》などにも相撲《すもう》が登場《とうじょう》しています。

相撲《すもう》を歌《うた》によんだ紫式部《むらさきしきぶ》

平安時代《へいあんじだい》に『源氏物語《げんじものがたり》』を書《か》いた紫式部《むらさきしきぶ》に、「たづきなき旅《たび》の空《そら》なるすまゐ《(い)》をば雨《あめ》もよにとふ《(う)》人《ひと》もあらじな」という和歌《わか》があります。相撲節会《すまいのせちえ》（→7ページ）のために集《あつ》まって来《き》た力士《りきし》たちが雨《あめ》ですることがなくなったように手持《ても》ち無沙汰《ぶさた》な私《わたし》を、雨《あめ》の中《なか》、訪《たず》ねてくれる人《ひと》はいないという意味《いみ》の歌《うた》です。

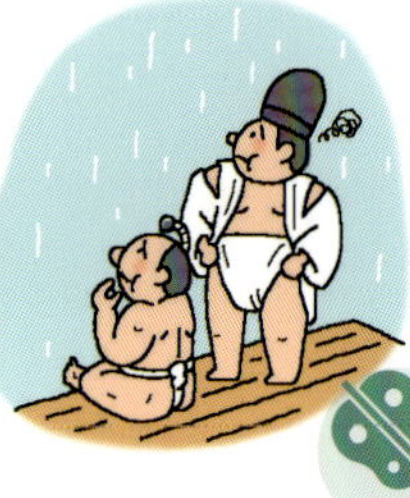

相撲《すもう》で皇位《こうい》をうらなった話《はなし》

鎌倉時代《かまくらじだい》の軍記物《ぐんきもの》『平家物語《へいけものがたり》』には、次《つぎ》のような話《はなし》があります。平安時代初期《へいあんじだいしょき》の文徳天皇《もんとくてんのう》が亡《な》くなった時《とき》、惟喬親王《これたかしんのう》と惟仁親王《これひとしんのう》のどちらが次《つぎ》の天皇《てんのう》にふさわしいか、競馬《けいば》と相撲《すもう》でうらなうことになりました。競馬《けいば》では惟仁《これひと》親王《しんのう》がリード。続《つづ》く相撲《すもう》では、惟喬親王方《これたかしんのうがた》から名虎《なとら》、惟仁親王方《これひとしんのうがた》から能雄《よしお》という人《ひと》が出《で》て戦《たたか》い、能雄《よしお》が勝《か》って、惟仁親王《これひとしんのう》が清和天皇《せいわてんのう》として位《くらい》についたのだそうです。

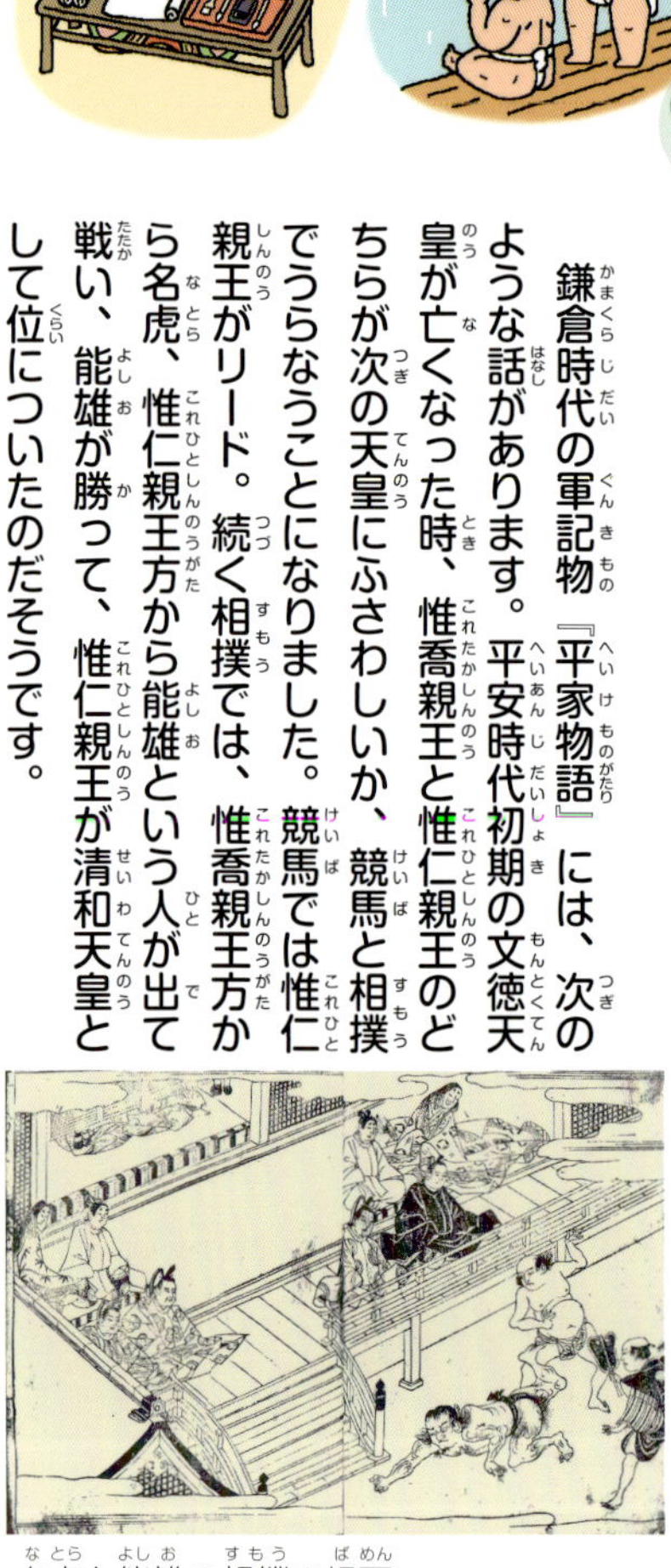

名虎《なとら》と能雄《よしお》の相撲《すもう》の場面《ばめん》。

『日本相撲鑑』 都立中央図書館特別文庫室所蔵

『今昔物語集《こんじゃくものがたりしゅう》』に出《で》てくる力士《りきし》の妹《いもうと》の話《はなし》

平安時代《へいあんじだい》の説話集《せつわしゅう》『今昔物語集《こんじゃくものがたりしゅう》』にある、力士《りきし》（すまひ《(い)》人《びと》）の話《はなし》のうちのひとつ。甲斐国《かいのくに》（山梨県《やまなしけん》）のすまひ人《(い)びと》・大井光遠《おおいみつとお》の妹《いもうと》は、美《うつく》しい女性《じょせい》でした。ある時《とき》、人《ひと》に追《お》われてにげてきた男《おとこ》が、光遠《みつとお》の妹《いもうと》のいるはなれにかけこみ、刀《かたな》をつけましたが、その知《し》らせを聞《き》いても、光遠《みつとお》は平然《へいぜん》としていました。男《おとこ》は、妹《いもうと》が目《め》の前《まえ》にあった矢《や》を作《つく》るための竹《たけ》を、いとも簡単《かんたん》に手《て》でくだくのを見《み》て、びっくりしてにげ出《だ》しますが、つかまって光遠《みつとお》の前《まえ》に引《ひ》き出《だ》されます。光遠《みつとお》は「妹《いもうと》は、私《わたし》の倍《ばい》も力《ちから》がある。女《おんな》であるのが惜《お》しいものだ」と言《い》い、男《おとこ》を追《お》いはらったとのことです。（巻二十三相撲人大井光遠の妹、強力の話《まきにじゅうさんすまひびとおおいみつとおのいもうと、ごうりきのはなし》）

昔話《むかしばなし》「ねずみのすもう」

おじいさんが柴《しば》かりをしていると、「でかんしょ、でかんしょ」という声《こえ》が聞《き》こえます。声《こえ》の方《ほう》に行《い》くと、長者《ちょうじゃ》の家《いえ》の太《ふと》ったねずみとおじいさんの家《いえ》のやせたねずみが相撲《すもう》を取《と》っていました。しかし、やせねずみは負《ま》け続《つづ》き。かわいそうに思《おも》ったおじいさんは、もちをついて、やせねずみに食《た》べさせました。すると、次《つぎ》の日《ひ》、やせねずみは、太《ふと》ったねずみに負《ま》けません。太《ふと》ったねずみが、そのわけを知《し》ると、「長者《ちょうじゃ》の蔵《くら》からお金《かね》を持《も》っていくから、もちを食《た》べさせてくれ」と言《い》います。おじいさんとおばあさんは、もちと赤《あか》いまわしをつくってやりました。2ひきのねずみは、「でかんしょ、でかんしょ」と相撲《すもう》を取《と》り、おじいさんたちはそれを見《み》て喜《よろこ》びました。

平安時代後期《へいあんじだいこうき》の歴史物語《れきしものがたり》『大鏡《おおかがみ》』には、「相撲好《すもうず》きの宇多天皇《うだてんのう》が天皇《てんのう》になる前《まえ》、在原業平《ありわらのなりひら》と御殿《ごてん》の中《なか》で相撲《すもう》を取《と》った時《とき》に、天皇《てんのう》が座《すわ》るいすに引《ひ》っかかり、いすの高欄《こうらん》（ひじかけの部分《ぶぶん》）が折《お》れてしまった」という話《はなし》がある。

俳句《はいく》によまれた相撲《すもう》

江戸時代《えどじだい》に盛《さか》んになった俳句《はいく》にも、相撲《すもう》（角力《すもう》）がよまれているものがたくさんあります。いろいろな句《く》がありますが、神社《じんじゃ》や祭礼《さいれい》で行《おこな》われていた相撲《すもう》を題材《だいざい》にした俳句《はいく》が多《おお》くつくられました。相撲節会《すまいのせちえ》が旧暦《きゅうれき》7月《がつ》に行《おこな》われたことから、「すもう」は、秋《あき》の季語《きご》となっています（→6・7ページ）。

むかし聞《き》け秩父殿《ちちぶどの》さへ《（え）》すまふ《（う）》とり　松尾芭蕉《まつおばしょう》

長居《ながい》という力士《りきし》をたおした秩父殿《ちちぶどの》＝畠山重忠《はたけやましげただ》（→8ページ）のことをよんだ句《く》。

飛入《とびいり》の力者《りきしゃ》あやしき角力《すもう》かな　与謝蕪村《よさぶそん》

村相撲《むらずもう》に突然現《とつぜんあらわ》れた若者《わかもの》の勝《か》ちぶりに、みんなおどろいている情景《じょうけい》をよんでいる。

べつたりと人《ひと》の生《な》る木《き》や宮角力《みやずもう》　小林一茶《こばやしいっさ》

宮角力《みやずもう》は、神社《じんじゃ》で行《おこな》われる相撲《すもう》。その盛況《せいきょう》ぶりがうかがえる。

角力取《すもうと》る二階《にかい》を叱《しか》る主《あるじ》かな　内藤鳴雪《ないとうめいせつ》

ふざけて取《と》っている二階《にかい》の相撲《すもう》と、それをたしなめる主人《しゅじん》をほほえましく見《み》ている。

川柳《せんりゅう》の題材《だいざい》になった相撲《すもう》

俳句《はいく》と同《おな》じ五七五《ごしちご》の形式《けいしき》で、人生《じんせい》の機微《きび》をよんだり、世相《せそう》を風刺《ふうし》したり、自由《じゆう》におかしみを折《お》りこんでつくる川柳《せんりゅう》は、江戸時代中期《えどじだいちゅうき》から盛《さか》んになりました。相撲《すもう》の世界《せかい》のことも、おもしろおかしくよまれています。

一年《いちねん》を二十日《はつか》で暮《く》らすいい男《おとこ》

江戸時代《えどじだい》には、本場所《ほんばしょ》は、一場所《ひとばしょ》10日《か》、一年《ねん》2場所《ばしょ》だった。それを、「一年《いちねん》に20日《か》働《はたら》くだけでよいとは」とうらやみ、常人《じょうじん》とはちがう力士《りきし》の浮世《うきよ》ばなれした様子《ようす》も伝《つた》える句《く》。

土俵入《どひょうい》り負《ま》ける気色《けしき》は見《み》えぬなり

力士《りきし》たちの堂々《どうどう》とした土俵入《どひょうい》りを見《み》ていると、みんな強《つよ》そうで、どの力士《りきし》も負《ま》けそうな様子《ようす》は見《み》えないなあという句《く》。

太刀山《たちやま》は四十五日《しじゅうごにち》で今日《きょう》も勝《か》ち

明治《めいじ》～大正時代《たいしょうじだい》の横綱太刀山《よこづなたちやま》（→19ページ）が、一《ひと》つき半《はん》の押《お》しで今日《きょう》も勝《か》った。太《た》刀山《ちやま》の強《つよ》さと、一《ひと》つき半《はん》を〝四十五日《しじゅうごにち》〟と呼《よ》ぶ楽《たの》しさが味《あじ》わえる。

大《だい》の相撲好《すもうず》きだった夏目漱石《なつめそうせき》

『坊《ぼ》っちゃん』などの作品《さくひん》で知《し》られる夏目漱石《なつめそうせき》は、明治《めいじ》42（1909）年《ねん》に両国《りょうごく》の国技館《こくぎかん》ができると、高浜虚子《たかはまきょし》といっしょに出《で》かけ、「相撲《すもう》の筋肉《きんにく》の光沢《こうたく》が力《ちから》こぶの入《い》れ具合《ぐあい》で光線《こうせん》を受《う》ける模様《もよう》が変《か》わってぴかぴかする。はなはだ美《うつく》しきものなり」と日《にっ》記《き》に書《か》きました（ここでいう「相撲《すもう》」は力士《りきし》をさす）。横綱《よこづな》の太刀山《たちやま》がひいきの力士《りきし》だったそうです。「相撲《すもう》は芸術《げいじゅつ》」が口《くち》ぐせで、家《いえ》では子《こ》どもたちを相《あい》手《て》に、相撲《すもう》を取《と》ったりもしていたようです。

※昭和時代《しょうわじだい》の終《お》わりくらいまで、力士《りきし》のことを「すもう」という慣習《かんしゅう》がありました。

俳句《はいく》をたしなんだ力士《りきし》もいる。第《だい》3代横綱《だいよこづな》・丸山権太左衛門《まるやまごんたざえもん》「ひと握《にぎ》りいざ参《まい》らせんとしの豆《まめ》」、第《だい》7代横綱《だいよこづな》・稲妻雷五郎《いなずまらいごろう》「腕押《うでお》しにならでや涼《すず》し雲《くも》の峰《みね》」、関脇《せきわけ》・笠置山勝一《かさぎやまかついち》「勝角力両国橋《かちずもうりょうごくばし》や風《かぜ》かほ《（お）》る」などが知《し》られる。

どすこい！相撲美術館《すもうびじゅつかん》

相撲《すもう》を題材《だいざい》にして作《つく》られたユニークな作品《さくひん》を集《あつ》めてみました。

京都《きょうと》の高山寺《こうざんじ》に伝《つた》わる４巻《かん》からなる絵巻物《えまきもの》。鳥羽僧正《とばそうじょう》がかいたとされるが、くわしくはわからない。

「鳥獣人物戯画」
所蔵／栂尾山高山寺　画像提供／京都国立博物館

絵《え》にえがかれた相撲《すもう》

上《うえ》は、平安時代《へいあんじだい》から鎌倉時代初期《かまくらじだいしょき》に描《えが》かれたとされる絵巻《えまき》「鳥獣人物戯画《ちょうじゅうじんぶつぎが》」の中《なか》の、蛙《かえる》とうさぎの相撲《すもう》。蛙《かえる》がうさぎを投《な》げたので、見《み》ていた蛙《かえる》たちがさわいでいます。

左《ひだり》の絵《え》では、フグとガマガエルが取組《とりくみ》の真《ま》っ最中《さいちゅう》。毒《どく》をもつ生《い》きもの同士《どうし》の取組《とりくみ》で、まんまるなフグは胸《むな》びれをピンとのばして組《く》み合《あ》っています。江戸時代《えどじだい》の人気画家《にんきがか》、伊藤若冲《いとうじゃくちゅう》の作品《さくひん》です。

明治時代《めいじじだい》の画家《がか》、富岡鉄斎《とみおかてっさい》が描《えが》いたのは、相撲《すもう》を好《この》んだ幕末《ばくまつ》～明治時代《めいじじだい》の英雄《えいゆう》・西郷隆盛《さいごうたかもり》と、横綱《よこづな》・陣幕久五郎《じんまくきゅうごろう》の相撲《すもう》（下《した》）。時代《じだい》の一面《いちめん》を切《き》り取《と》った一枚《いちまい》です。

動植綵絵《どうしょくさいえ》など、独特《どくとく》の画風《がふう》で迫力《はくりょく》ある印象的《いんしょうてき》な作品《さくひん》を残《のこ》した伊藤若冲《いとうじゃくちゅう》。このようなユーモラスな表現《ひょうげん》も特徴《とくちょう》の一《ひと》つ。

『蝦蟇河豚相撲図』　所蔵／京都国立博物館

取組《とりくみ》をしている右《みぎ》が西郷《さいごう》。左《ひだり》が陣幕久五郎《じんまくきゅうごろう》。陣幕《じんまく》は「負《ま》けず屋《や》」と呼《よ》ばれ、西郷《さいごう》のご贔屓《ひいき》だった。絵《え》には、「西郷曰《さいごういわ》く、人《ひと》は体《からだ》を練《ね》り鍛《きた》えなければならない、体《からだ》を練《ね》ることは心《こころ》を鍛《きた》えることでもある」と始《はじ》まる内容《ないよう》の漢文《かんぶん》が付《ふ》されている。

ベースボール・マガジン社刊『国技　相撲の歴史』より

歌川国貞《うたがわくにさだ》は、19世紀初《せいきはじ》めから50年以上《ねんいじょう》にわたって活躍《かつやく》し、600点《てん》をこえる相撲絵《すもうえ》をえがいた。相撲絵《すもうえ》のほか、役者《やくしゃ》の似《に》顔絵《がおえ》や美人画《びじんが》も多《おお》くえがき、江戸時代後期《えどじだいこうき》に最《もっと》も人気《にんき》のあった浮世絵師《うきよえし》のひとり。

文政《ぶんせい》（1818～1830年《ねん》）のころに活躍《かつやく》した東西《とうざい》の関脇《せきわけ》の対決《たいけつ》。奥《おく》が西《にし》の関脇緋縅《せきわけひおどし》、手前《てまえ》が、東《ひがし》の関《せき》脇岩戸山《わけいわとやま》。香蝶楼国貞《かちょうろうくにさだ》（歌川国貞《うたがわくにさだ》）の相撲絵《すもうえ》。

「岩戸山・緋縅取組の図」　写真／日本相撲協会

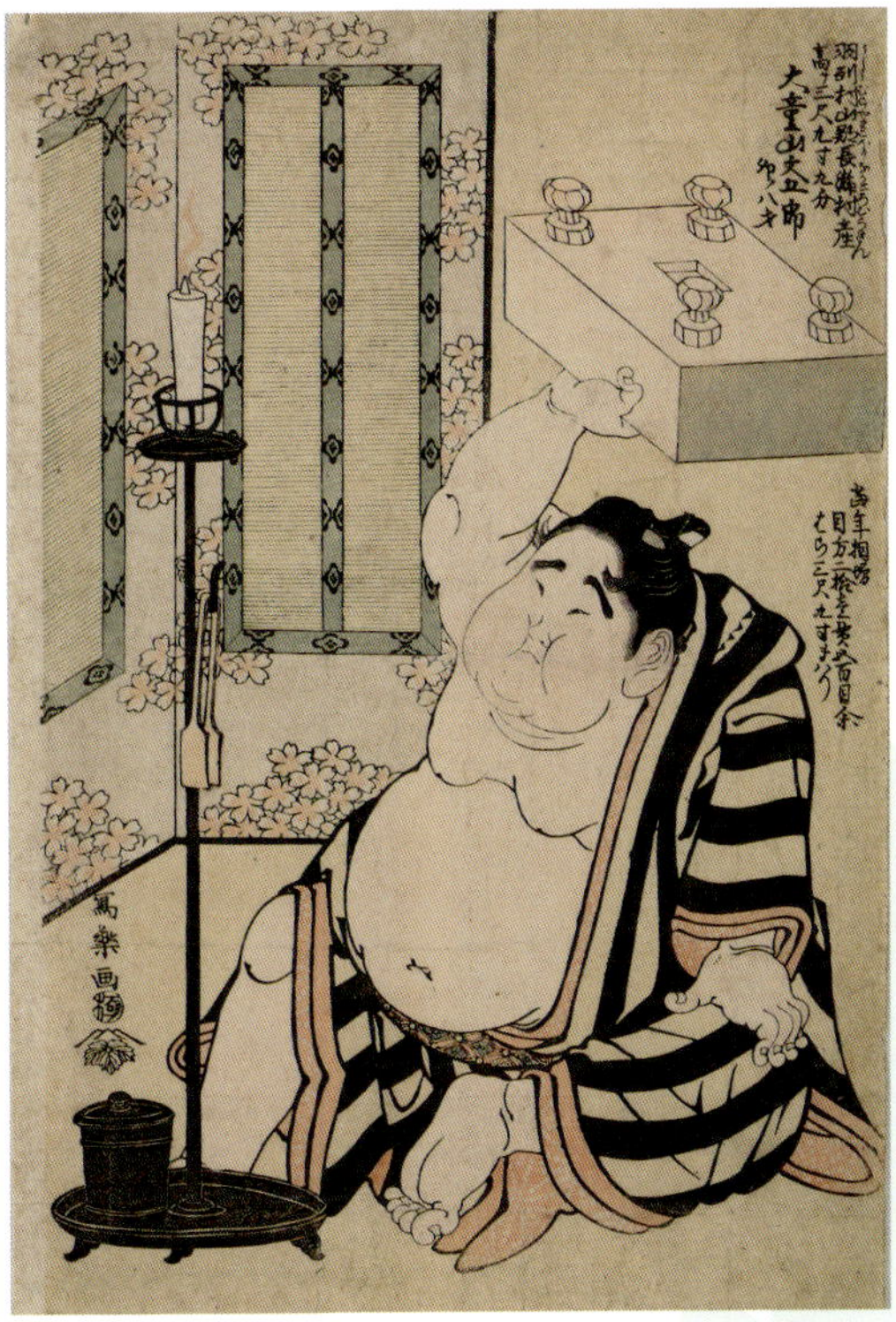

7歳《さい》で土俵入《どひょうい》りしたという大童山文五郎《だいどうざんぶんごろう》が、碁盤《ごばん》であおいで火《ひ》を消《け》そうとしている図《ず》。わずか10か月《がつ》の間《あいだ》に名作《めいさく》を多数残《たすうのこ》した正体不明《しょうたいふめい》の画家《がか》、東洲斎写楽《とうしゅうさいしゃらく》による。

「大童山文五郎　碁盤で蠟燭の火を消す図」　写真／日本相撲協会

相撲絵《すもうえ》

江戸時代《えどじだい》に、興行《こうぎょう》としての相撲《すもう》（角力《すもう》）がさかんになり、庶民《しょみん》の間《あいだ》で相撲《すもう》の人気《にんき》が高《たか》まると、取組《とりくみ》や人気力士《にんきりきし》の浮世絵《うきよえ》が多《おお》く描《えが》かれました。葛飾北斎《かつしかほくさい》や東洲斎写楽《とうしゅうさいしゃらく》、歌川広重《うたがわひろしげ》、歌川国貞《うたがわくにさだ》など、よく知《し》られる浮世絵師《うきよえし》の多《おお》くが、相撲絵《すもうえ》を描《えが》いています。

相撲人形《すもうにんぎょう》、相撲玩具《すもうがんぐ》からグッズまで

力士《りきし》をかたどった人形《にんぎょう》や、取組《とりくみ》を形《かたち》にした人形《にんぎょう》は、古《ふる》くから各地《かくち》でつくられてきました。明治時代以降《めいじじだいいこう》は、めんこやこまなどの子《こ》どもの遊《あそ》び道具《どうぐ》や、店《みせ》の看板《かんばん》、身《み》の回《まわ》りの品々《しなじな》にも、相撲《すもう》を題材《だいざい》にしたものが登場《とうじょう》します。

現在《げんざい》は、力士《りきし》や軍配《ぐんばい》、相撲字《すもうじ》などをモチーフにした、うちわやマグカップなどのグッズが作《つく》られ、大相撲観戦《おおずもうかんせん》のお土産《みやげ》として人気《にんき》があるほか、海外《かいがい》の人《ひと》にも日本《にっぽん》の文化《ぶんか》を表《あらわ》す品物《しなもの》として喜《よろこ》ばれています。

江戸《えど》からの玩具《がんぐ》、板相撲《いたずもう》。取組《とりくみ》をしているように動《うご》かせる。熊本県八《くまもとけんやつ》代《しろ》の郷土玩具《きょうどがんぐ》として今《いま》も残《のこ》っている。

写真／日本玩具博物館

人気力士《にんきりきし》の姿《すがた》をえがいたうちわ。

写真／国技館サービス

張《は》り子《こ》の相撲人形《すもうにんぎょう》。写真《しゃしん》は、熊本県宇土市《くまもとけんうとし》のもの。

写真／日本玩具博物館

めんこは、明治時代《めいじじだい》から昭和《しょうわ》40年代《ねんだい》ごろまで長《なが》く人気《にんき》があった遊《あそ》び。絵柄《えがら》には時代《じだい》を反映《はんえい》する人気者《にんきもの》がえがかれた。写真《しゃしん》は、昭和《しょうわ》20～30年代《ねんだい》のめんこ。

写真／日本玩具博物館

子《こ》どもたちに人気《にんき》のあった相撲《すもう》は、各時代《かくじだい》で、おもちゃに取《と》り入《い》れられてきた。めんこ、こまのほか、すごろく、とんとん相撲《すもう》、うつし絵《え》、かるた、お面《めん》などがあった。そのほか、ブロマイドや絵《え》はがきもつくられた。

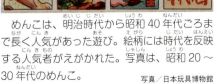

暮《く》らしと相撲《すもう》

相撲《すもう》から生《う》まれた言葉《ことば》

相撲《すもう》から生《う》まれた言葉《ことば》は、たくさんあります。

日常生活《にちじょうせいかつ》にも出《で》てくる！ 相撲《すもう》が由来《ゆらい》の用語集《ようごしゅう》

仕切《しき》り直《なお》し

立合《たちあ》いで、仕切《しき》りをやり直《なお》すこと。そこから、いったん進《すす》めるのをやめて、途中《とちゅう》または最初《さいしょ》からやり直《なお》すこと。

◉例《れい》　会議《かいぎ》で、なかなか結論《けつろん》が出《で》ない。いったんお昼《ひる》にして午後《ごご》仕切《しき》り直《なお》しにしよう。

そろいぶみ

大関《おおぜき》以下《いか》の幕内力士《まくうちりきし》が全員《ぜんいん》土俵《どひょう》上《じょう》に並《なら》んで四股《しこ》をふむこと。主要《しゅよう》な人物《じんぶつ》が同《おな》じ場《ば》にいること。

◉例《れい》　今度《こんど》公開《こうかい》された映画《えいが》は、今《いま》、話題《わだい》の役者《やくしゃ》がそろいぶみだ。

死《し》に体《たい》

たおれかけて、もう立《た》て直《なお》せない体勢《たいせい》。人《ひと》や会社《かいしゃ》などの状況《じょうきょう》が、もう巻《ま》き返《かえ》せないほど悪《わる》くなっている様子《ようす》。

◉例《れい》　あの大統領《だいとうりょう》の政権《せいけん》は、もはや死《し》に体《たい》といえる。

土《つち》がつく

力士《りきし》の足《あし》の裏《うら》以外《いがい》に土《つち》がつくと負《ま》けになることから、勝負《しょうぶ》に負《ま》けること。

◉例《れい》　去年《きょねん》の優勝校《ゆうしょうこう》なのに、1回《かい》戦《せん》で土《つち》がついた。

（大《だい》）金星《きんぼし》

平幕力士《ひらまくりきし》が、横綱《よこづな》に勝《か》つこと。そこから、普通《ふつう》では上《あ》げられない大《おお》きな手《て》がら。

◉例《れい》　ぼくが3科目《かもく》で100点《てん》をとるなんて、大金星《だいきんぼし》だ。

軍配《ぐんばい》を上《あ》げる（軍配《ぐんばい》が上《あ》がる）

勝《か》ち力士《りきし》の側《がわ》に行司《ぎょうじ》が軍配《ぐんばい》を上《あ》げることから、勝《か》ちの判定《はんてい》をする。

◉例《れい》　どちらに軍配《ぐんばい》が上《あ》がるか楽《たの》しみだ。

腰《こし》くだけ

下半身《かはんしん》の力《ちから》がぬけて、しりもちをついてしまうこと。何《なに》かをしている途中《とちゅう》で気力《きりょく》がおとろえて、先《さき》に進《すす》まなくなること。

◉例《れい》　はやばやと腰《こし》くだけになるなんて、情《なさ》けないなあ。

土俵際《どひょうぎわ》

土俵《どひょう》から外《そと》に出《で》るぎりぎりの所《ところ》。ものごとのなりゆきが今《いま》決《き》まるというぎりぎりの状況《じょうきょう》。

◉例《れい》　国際社会《こくさいしゃかい》の結束力《けっそくりょく》が土俵際《どひょうぎわ》まで追《お》いこまれている。

押《お》しが強《つよ》い

相撲《すもう》で、相手《あいて》を強《つよ》く押《お》す様子《ようす》から、自分《じぶん》の主張《しゅちょう》を通《とお》そうとする態《たい》度《ど》が強烈《きょうれつ》な様子《ようす》。ずうずうしい。

◉例《れい》　押《お》しの強《つよ》さがないと、セールスマンは務《つと》まらない。

序《じょ》ノ口《くち》

入門《にゅうもん》したばかりの力士《りきし》のスタートの階級《かいきゅう》であることから、ものごとの始《はじ》まりをさす。

◉例《れい》　事件《じけん》はまだ序《じょ》ノ口《くち》だった。

物言《ものい》いがつく

行司《ぎょうじ》の判定《はんてい》に異議《いぎ》の申《もう》し出《で》が出《で》ること。決《き》まったこと、またはほとんど決《き》まったことに、反対《はんたい》や異《こと》なる意見《いけん》が出《で》ること。

◉例《れい》　家族旅行《かぞくりょこう》の行《い》き先《さき》を決《き》めたら、子《こ》どもから物言《ものい》いがついた。

痛《いた》み分《わ》け

けがのために、引《ひ》き分《わ》けになること。そこから、議論《ぎろん》や争《あらそ》いなどで、両方《りょうほう》ともかなりの痛手《いたで》を受《う》けたまま、結着《けっちゃく》をつけないこと。

◉例《れい》　上杉軍《うえすぎぐん》と武田軍《たけだぐん》のたたかいは、死闘《しとう》の末《すえ》、痛《いた》み分《わ》けになった。

「八百長《やおちょう》」という言葉《ことば》は、八百屋《やおや》の長兵衛《ちょうべえ》（通称八百長《つうしょうやおちょう》）という人《ひと》が、相撲《すもう》の年寄《としより》（親方《おやかた》）と碁《ご》を打《う》つ時《とき》に、手加減《てかげん》して、適当《てきとう》に勝《か》ったり負《ま》けたりしていたことからできたという。

胸《むね》を借《か》りる

下位力士《かいりきし》が上位力士《じょういりきし》にけいこをつけてもらうこと。そこから、実力《じつりょく》が下《した》の者《もの》が上《うえ》の者《もの》に相手《あいて》をしてもらうこと。

◉例《れい》 前回《ぜんかい》の優勝者《ゆうしょうしゃ》に**胸《むね》を借《か》りる**つもりで対戦《たいせん》した。

ふところが深《ふか》い

身長《しんちょう》が高《たか》く、腕《うで》が長《なが》い力士《りきし》が相撲《すもう》を取《と》る時《とき》に、腕《うで》と腕《うで》でできる空間《くうかん》が広《ひろ》く、相手《あいて》に攻撃《こうげき》をされにくいこと。そこから、度量《どりょう》が大《おお》きいことをいう。

◉例《れい》 あの人《ひと》の**ふところの深《ふか》さ**にはいつも感心《かんしん》させられる。

勇《いさ》み足《あし》

土俵際《どひょうぎわ》まで攻《せ》めこんだのに、先《さき》に足《あし》が出《で》て負《ま》けになること。気負《きお》い過《す》ぎて、かえって失敗《しっぱい》すること。

◉例《れい》 役人《やくにん》の**勇《いさ》み足《あし》**による失態《しったい》に、国民《こくみん》がおこっている。

待《ま》ったなし

立合《たちあ》いで、制限時間《せいげんじかん》いっぱいになるなど、次《つぎ》に必《かなら》ず立《た》たなければならない状態《じょうたい》。そこから、時間《じかん》がなくなり、少《すこ》しも延《の》ばせない状《じょう》態《たい》。

◉例《れい》 もうすぐ新学期《しんがっき》。がんばらないと、宿題《しゅくだい》が終《お》わらない。もう**待《ま》ったなし**だ。

ひとり相撲《ずもう》

ひとりで相撲《すもう》を取《と》るまねをすること。他人《たにん》と相談《そうだん》せずに物事《ものごと》を進《すす》めたり思《おも》いこんだりすること。

◉例《れい》 いつの間《ま》にか、**ひとり相撲《すもう》**を取《と》っていたことに気《き》づかなかった。

わきがあまい

わきをしめる技術《ぎじゅつ》が低《ひく》く、相手《あいて》に攻《せ》められやすい状態《じょうたい》。そこから、慎重《しんちょう》さがたりず、つけこまれやすい様子《ようす》のこと。

◉例《れい》 **わきがあまい**と言《い》われないように気《き》をつけよう。

肩《かた》すかし（を食《く》う）

相手《あいて》が前《まえ》に出《で》てくるところを、体《からだ》を開《ひら》き、相手《あいて》の肩口《かたぐち》を手《て》で引《ひ》いて前《まえ》にたおす技《わざ》。勢《いきお》いをうまくかわされてしまうことをいう。

◉例《れい》 勢《いきお》いこんで文句《もんく》を言《い》いに行《い》ったが、ていねいにあつかわれ、**肩《かた》すかしを食《く》った**気分《きぶん》だ。

ちょっぴり意味深《いみしん》!? 相撲《すもう》の世界《せかい》で通《つう》じる言葉《ことば》

えびすこ（をきめる）

腹《はら》いっぱい食《た》べること。大食《おおぐ》い。由来《ゆらい》には、恵比寿《えびす》天《てん》のように、腹《はら》が丸《まる》くなることからなどの説《せつ》がある。

ガチンコ

真剣勝負《しんけんしょうぶ》。頭《あたま》と頭《あたま》が「ガチン」とぶつかることからきたという。最近《さいきん》は、一般《いっぱん》にも使《つか》われるようになってきた。

恩返《おんがえ》し

けいこをつけてもらったり、世《せ》話《わ》をしてもらったりした先輩力士《せんぱいりきし》に勝《か》つこと。

ごっつあんです

ありがとうございます、の意《い》味《み》。「ごちそうさまでした」が変《か》わったものとされる。おねだりをする時《とき》にも使《つか》う。

しょっぱい

相撲《すもう》が弱《よわ》いこと。「塩《しお》をまく土《ど》俵《ひょう》についてばかり」という意味《いみ》。へたなこと、けちなことにも使《つか》う。

米《こめ》びつ

人気《にんき》と実力《じつりょく》のある力士《りきし》。将来有《しょうらいゆう》望《ぼう》な力士《りきし》。江戸時代《えどじだい》は、米《こめ》が給料《きゅうりょう》だったので、収入《しゅうにゅう》のことを米《こめ》という。部屋《へや》の収入源《しゅうにゅうげん》になることから。

タニマチ

金品《きんぴん》をくれる後援者《こうえんしゃ》。大阪《おおさか》・谷町《たにまち》の医者《いしゃ》が、相撲《すもう》好《ず》きで、力《り》士《し》を無料《むりょう》でみてくれたことから。

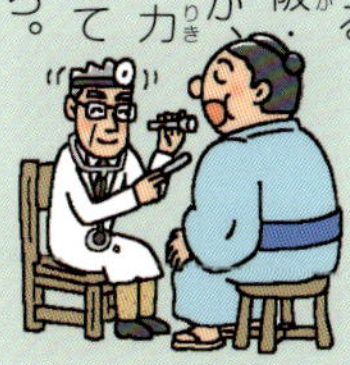

寄方《よかた》

相撲界《すもうかい》の外《そと》の人《ひと》、しろうと。

ぬけぬけ

白星《しろぼし》と黒星《くろぼし》が交互《こうご》に続《つづ》いていること。

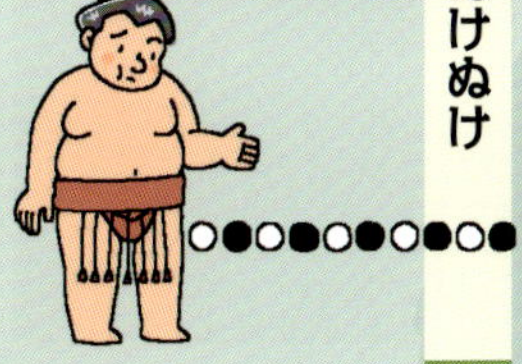

電車道《でんしゃみち》

立合《たちあ》いから一気《いっき》にまっすぐに押《お》しこむこと。土俵《どひょう》に、電車《でんしゃ》が通《とお》るレールのようなあとがつくから。

石炭《せきたん》たく

急《いそ》ぐこと。やる気《き》を上《あ》げること。蒸気機関車《じょうききかんしゃ》のスピードを出《だ》すときに、石炭《せきたん》をくべることから。

ばける

従来《じゅうらい》、素質《そしつ》をのばせなかった力士《りきし》が、急《きゅう》に強《つよ》くなること。

とんぱち

後先《あとさき》を考《かんが》えずに行動《こうどう》してしまう人《ひと》。トンボにはち巻《ま》きをすると、目《め》が見《み》えなくなるようなものだということから。

藤助《とうすけ》

けち。明治時代《めいじじだい》の力士《りきし》の藤田《ふじた》川藤助《がわとうすけ》が、たいそうな倹約家《けんやくか》だったことから。

同《おな》じ職業《しょくぎょう》などに属《ぞく》す限《かぎ》られた人《ひと》たちの中《なか》だけで意味《いみ》が通《つう》じる特殊《とくしゅ》な言葉《ことば》を隠語《いんご》という。関係者以外《かんけいしゃいがい》に知《し》られたくない話《はなし》をする場合《ばあい》などに、使《つか》われることがある。相撲《すもう》の世界《せかい》にも、隠語《いんご》がたくさんあり、それぞれに長年《ながねん》の伝統《でんとう》がうかがえる。

アマチュア相撲《ずもう》

プロの興行《こうぎょう》である大相撲《おおずもう》とは別《べつ》に、学生《がくせい》や社会人《かいじん》がスポーツとして行《おこな》う相撲《すもう》があります。

学生《がくせい》と社会人《しゃかいじん》の選手《せんしゅ》による全国大会《ぜんこくたいかい》として開催《かいさい》される全日本相撲選手権大会《ぜんにほんすもうせんしゅけんたいかい》。

撮影／鴨原利芳

大学生《だいがくせい》の日本一《にっぽんいち》を争《あらそ》う全国学生相撲選手権大会《ぜんこくがくせいすもうせんしゅけんたいかい》。優勝者《ゆうしょうしゃ》は、学生横綱《がくせいよこづな》と呼《よ》ばれる。大学《だいがく》の選手《せんしゅ》から大相撲《おおずもう》の力士《りきし》になる人《ひと》も多《おお》い。

撮影／鴨原利芳

アマチュア相撲《ずもう》の活動《かつどう》

アマチュア相撲《ずもう》は、中学《ちゅうがく》、高校《こうこう》、大学《だいがく》の部《ぶ》活動《かつどう》や、企業《きぎょう》の実業団《じつぎょうだん》クラブ、地域《ちいき》の相撲《すもう》クラブや道場《どうじょう》、愛好会《あいこうかい》に所属《しょぞく》する人《ひと》たちの活動《かつどう》として行《おこな》われています。現在《げんざい》は、学生《がくせい》、社会《しゃかい》人《じん》の大会《たいかい》のほか、そのわくをこえた大会《たいかい》も開《かい》催《さい》されています。国民体育大会《こくみんたいいくたいかい》（国体《こくたい》）や、全国高等学校総合体育大会《ぜんこくこうとうがっこうそうごうたいいくたいかい》（インターハイ）でも相撲《すもう》の競技《きょうぎ》が行《おこな》われています。

ルールのちがい

アマチュア相撲《すもう》には、日本相撲連盟《にほんすもうれんめい》が規定《きてい》するルールがあり、大相撲《おおずもう》の規《き》定《てい》とちがう点《てん》があります。

一部《いちぶ》の例外《れいがい》を除《のぞ》き、まわしの下《した》に、アンダーパンツ（男子《だんし》）やレオタード（女子《じょし》）を着《つ》けてよいこと、立合《たちあ》いが、審判《しんぱん》の「はっけよい」というかけ声《ごえ》で行《おこな》われること、張《は》り手《て》が禁止《きんし》であること（一部《いちぶ》では制限《せいげん》つきで許可《きょか》）、小中《しょうちゅう》学生《がくせい》の競技会《きょうぎかい》では、反《そ》り技《わざ》なども禁止《きんし》であることなどがちがいです。

体重別《たいじゅうべつ》の大会《たいかい》も

大相撲《おおずもう》は、実力別《じつりょくべつ》の番付《ばんづけ》で、体重別《たいじゅうべつ》のクラス分《わ》けはありませんが、アマチュア相撲《すもう》の大会《たいかい》には、体重別制《たいじゅうべつせい》が取《と》り入《い》れられていることがあります。

たとえば、昭和《しょうわ》48（1973）年《ねん》から開催《かいさい》されている全国学生相撲個人体《ぜんこくがくせいすもうこじんたい》重別選手権《じゅうべつせんしゅけん》では、65kg未満級《みまんきゅう》、75kg未《み》満級《まんきゅう》から無差別級《むさべつきゅう》までの8階級《かいきゅう》に分《わ》かれて試合《しあい》が行《おこな》われています。

アマチュア相撲《すもう》には、柔道《じゅうどう》や剣道《けんどう》のように、段級制度《だんきゅうせいど》がある。5級《きゅう》から4級《きゅう》、3級《きゅう》、2級《きゅう》と、1級《きゅう》まで上《あ》がると、その次《つぎ》が初段《しょだん》。続《つづ》いて二段《にだん》、三段《さんだん》…と十段《じゅうだん》まである。一定《いってい》の資格《しかく》を満《み》たし、審査《しんさ》に合格《ごうかく》すると、段級《だんきゅう》が上《あ》がる。

女子《じょし》の相撲大会《すもうたいかい》

大相撲《おおずもう》は、男子《だんし》だけで行《おこな》われますが、アマチュア相撲《ずもう》では、女子《じょし》の大会《たいかい》も開催《かいさい》されています。

日本女子相撲連盟《にほんじょしすもうれんめい》という団体《だんたい》があり、全日本女子相撲選手権大会《ぜんにほんじょしすもうせんしゅけんたいかい》のほか、中学生《ちゅうがくせい》や小学生《しょうがくせい》の大会《たいかい》も開《ひら》かれています。

女子《じょし》の相撲《すもう》では、まわしの下《した》にレオタードを着用《ちゃくよう》します（小学生《しょうがくせい》は無地《むじ》の水着《みずぎ》も可《か》）。

小学生《しょうがくせい》・中学生《ちゅうがくせい》の相撲大会《すもうたいかい》

小中学生《しょうちゅうがくせい》の相撲大会《すもうたいかい》には、全日本小学生相撲優勝大会《ぜんにほんしょうがくせいすもうゆうしょうたいかい》、全国少年相撲選手権大会《ぜんこくしょうねんすもうせんしゅけんたいかい》、全国都道府県中学生相撲選手権大会《ぜんこくとどうふけんちゅうがくせいすもうせんしゅけんたいかい》などがあります。

大相撲《おおずもう》を主催《しゅさい》する日本相撲協会《にほんすもうきょうかい》などでは、わんぱく相撲《ずもう》全国大会《ぜんこくたいかい》を開催《かいさい》しており、全国各地《ぜんこくかくち》の予選《よせん》を勝《か》ち上《あ》がった選手《せんしゅ》が、両国国技館《りょうごくこくぎかん》の土俵《どひょう》で決勝《けっしょう》を戦《たたか》います。

小学生力士《しょうがくせいりきし》の激《はげ》しい取組《とりくみ》。 撮影／鴨原利芳

レオタードを着用《ちゃくよう》して相撲《すもう》を取《と》る女子選手《じょしせんしゅ》。 撮影／鴨原利芳

国際大会《こくさいたいかい》を開催《かいさい》

日本《にっぽん》の相撲《すもう》が世界《せかい》に知《し》られるようになるにつれ、世界各国《せかいかっこく》で相撲《すもう》が行《おこな》われるようになりました。

平成《へいせい》4（1992）年《ねん》には、東京《とうきょう》に本部《ほんぶ》を置《お》く国際相撲連盟《こくさいすもうれんめい》が設立《せつりつ》され、世界相撲選手権大会《せかいすもうせんしゅけんたいかい》が行《おこな》われるようになりました。この大会《たいかい》には、無差別級《むさべつきゅう》、重量級《じゅうりょうきゅう》、中量級《ちゅうりょうきゅう》、軽量級《けいりょうきゅう》に分《わ》かれる個人戦《こじんせん》と、団体戦《だんたいせん》があります。このほかに、女子《じょし》や、18歳未満《さいみまん》の男女《だんじょ》が参加《さんか》する国際相撲大会《こくさいすもうたいかい》もあります。

おしりを出《だ》してはいけないとする国《くに》もあるため、国際大会《こくさいたいかい》では、選手《せんしゅ》は、まわしの下《した》に相撲《すも》パンツをはいてもよいことになっています。

わんぱく相撲《ずもう》
大会《たいかい》に参加《さんか》して
いた横綱《よこづな》や大関《おおぜき》も
いるぞ。

世界相撲選手権大会《せかいすもうせんしゅけんたいかい》で対戦《たいせん》する選手《せんしゅ》。

撮影／鴨原利芳

世界相撲選手権大会《せかいすもうせんしゅけんたいかい》の表彰式《ひょうしょうしき》。

撮影／鴨原利芳

世界相撲選手権大会《せかいすもうせんしゅけんたいかい》は、平成《へいせい》4（1992）年以降《ねんいこう》、基本的《きほんてき》に毎年開催《まいねんかいさい》されている。これまでに、東京《とうきょう》、青森《あおもり》、堺《さかい》（大阪府《おおさかふ》）のほか、ドイツ、エストニア、ポーランド、タイ、香港《ホンコン》、モンゴル、台湾《たいわん》などの都市《とし》で開《ひら》かれている。

基本動作《きほんどうさ》と試合《しあい》

自分《じぶん》たちでも相撲《すもう》を取《と》ってみましょう。基本《きほん》の動作《どうさ》を練習《れんしゅう》することが、強《つよ》くなることにつながります。

相撲《すもう》の基本動作《きほんどうさ》に挑戦《ちょうせん》！

相撲《すもう》には、いくつかの基本的《きほんてき》な動作《どうさ》があります。相撲《すもう》の作法《さほう》としての動作《どうさ》や、体《からだ》をきたえ、相撲《すもう》に必要《ひつよう》な動《うご》きをつくるための動作《どうさ》です。

蹲踞《そんきょ》

相撲《すもう》の作法《さほう》のひとつで、呼吸《こきゅう》を整《ととの》え、気持《きも》ちを落《お》ち着かせる意味《いみ》もあります。

まっすぐに立《た》った姿勢《しせい》から、ひざを最《もっと》も深《ふか》く曲《ま》げ、両《りょう》つま先《さき》に全体重《ぜんたいじゅう》をのせる。ひざは開《ひら》き、背筋《せすじ》をまっすぐにのばす。

塵手水《ちりちょうず》

相撲《すもう》の作法《さほう》のひとつ。武器《ぶき》を持《も》たず、正々堂々《せいせいどうどう》と戦《たたか》うことを示《しめ》します。

蹲踞《そんきょ》の姿勢《しせい》から、両手《りょうて》を開《ひら》いて、ひざのあたりに置《お》く。

胸《むね》の正面《しょうめん》で両手《りょうて》の平《ひら》をややななめに合《あ》わせる。

次《つぎ》に右手《みぎて》と左手《ひだりて》を逆《ぎゃく》にする。（手《て》をもんだような形《かたち》となる。）

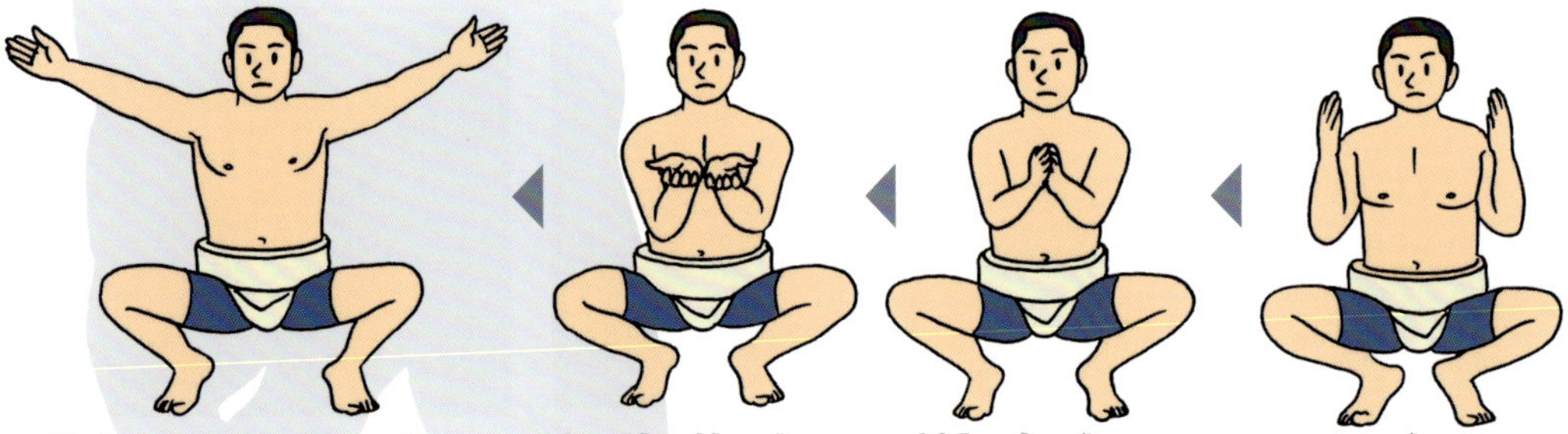

ひじを曲《ま》げたまま、両手《りょうて》を広《ひろ》げる。

両手《りょうて》を打《う》ち合《あ》わせる。

手《て》の平《ひら》を上《うえ》に向《む》け、両手《りょうて》を開《ひら》く。

両手《りょうて》をななめ上《うえ》に開《ひら》いて上《あ》げ、次《つぎ》に手《て》の平《ひら》を下向《したむ》きにする。

伸脚《しんきゃく》

足《あし》の後《うし》ろ側《がわ》のけんをやわらかくするための動作《どうさ》です。

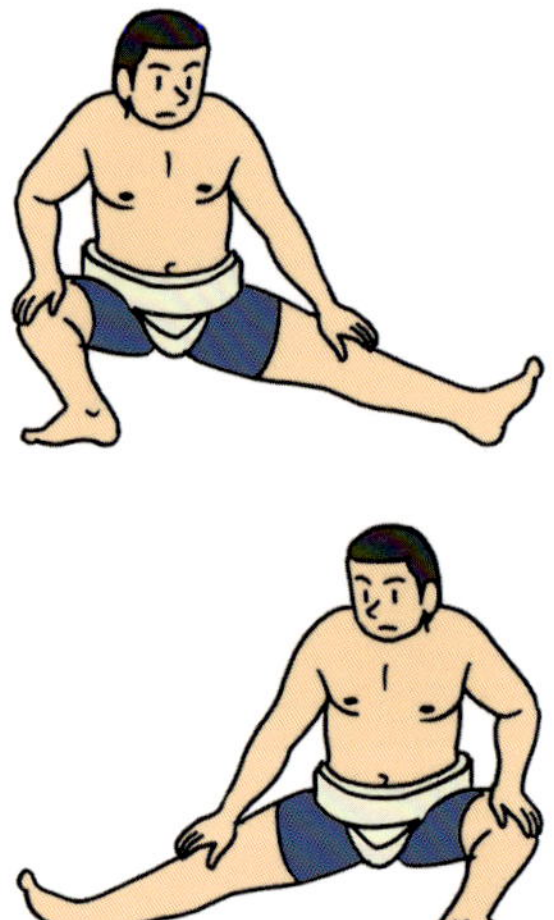

片足《かたあし》を伸《の》ばし、ひざを手《て》でおさえる。つま先《さき》は立《た》てる。

逆《ぎゃく》の足《あし》を伸《の》ばし、ひざを手《て》でおさえる。

腰割《こしわ》り

足腰《あしこし》をきたえ、重心《じゅうしん》を低《ひく》くするための動作《どうさ》です。

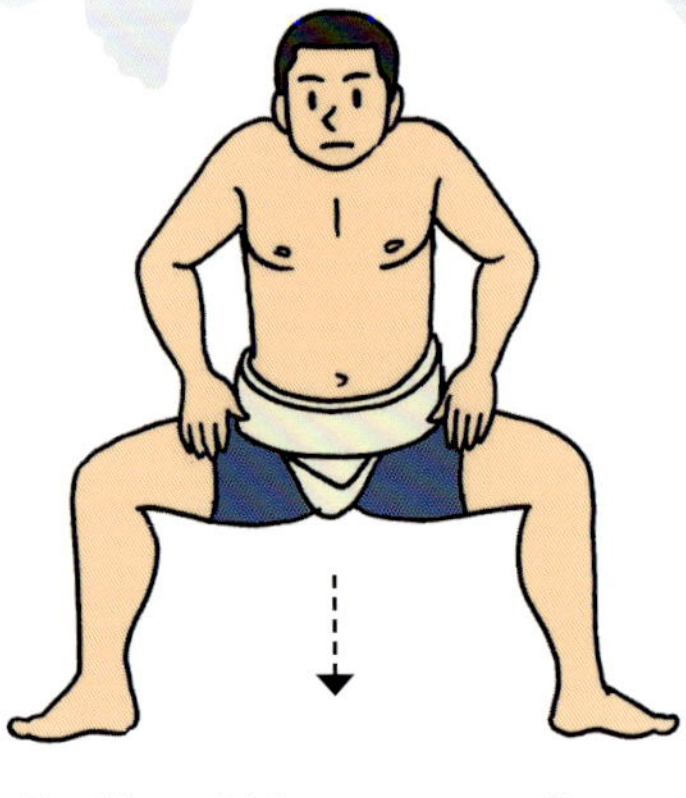

足《あし》を開《ひら》き、両手《りょうて》をもものつけ根《ね》あたりに置《お》き、可能《かのう》な限《かぎ》り腰《こし》を落《お》とす。

蹲踞《そんきょ》、四股《しこ》、伸脚《しんきゃく》などの相撲《すもう》の基本的《きほんてき》な動《うご》きを取《と》り入《い》れた相撲健康体操《すもうけんこうたいそう》がある。筋肉《きんにく》の緊張《きんちょう》をほぐし、血流《けつりゅう》をよくすることで、脳《のう》の活性化《かっせいか》、疲労回復《ひろうかいふく》、ストレス解消《かいしょう》になり、基礎体力《きそたいりょく》を上《あ》げるなどの効果《こうか》が期待《きたい》できる。

四股《しこ》

下半身《かはんしん》をきたえ、バランス感覚《かんかく》を養《やしな》います。

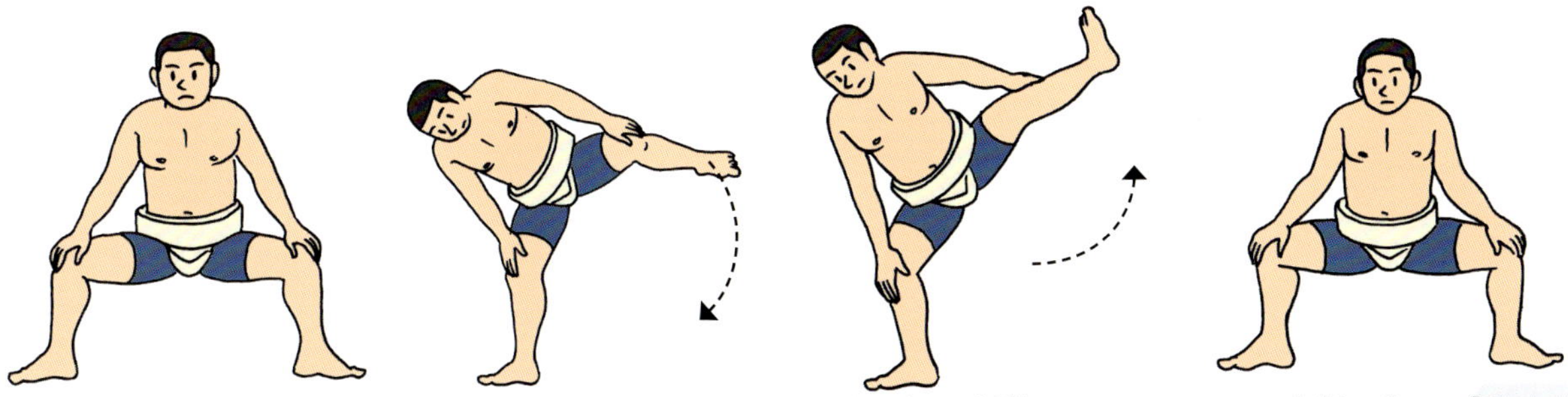

ひざを直角《ちょっかく》に曲《ま》げ、手《て》の平《ひら》を両《りょう》ひざの上《うえ》に置《お》く。

片足《かたあし》を上《あ》げ、両足《りょうあし》のひざをのばす。

上《あ》げた足《あし》を、つま先《さき》から元《もと》の位置《いち》に下《お》ろす。

元《もと》の姿勢《しせい》にもどり、次《つぎ》に逆《ぎゃく》の足《あし》を上《あ》げてふみ下《お》ろす。

中腰《ちゅうごし》の構《かま》え

相撲《すもう》の基本的《きほんてき》な姿勢《しせい》です。足《あし》を出《だ》しやすく、動《うご》きやすい姿勢《しせい》です。

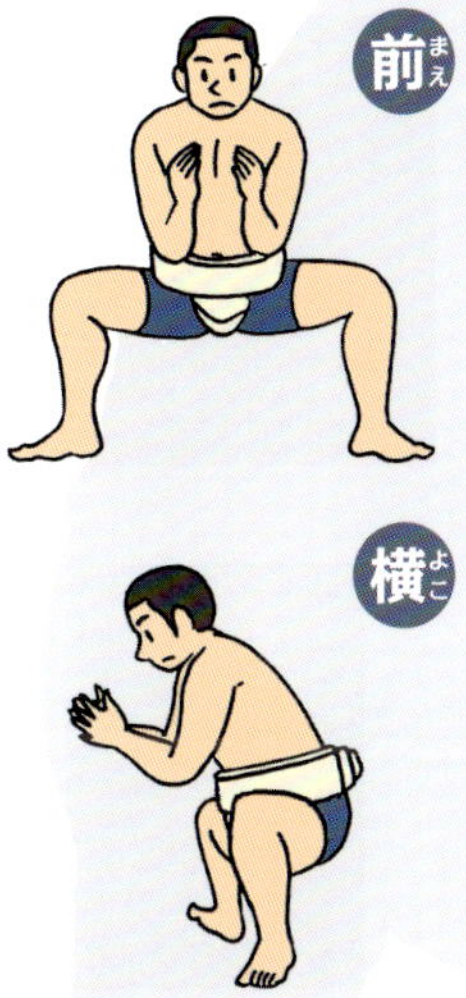

ひざを直角《ちょっかく》に曲《ま》げ、わきをしめて、ひじを軽《かる》く胸《むね》につける。あごを引《ひ》き、背中《せなか》を丸《まる》める。

すり足《あし》（運《はこ》び足《あし》）

仕切《しき》りの姿勢《しせい》から立《た》ち上《あ》がり、中腰《ちゅうごし》の構《かま》えで進《すす》みます。重心《じゅうしん》を低《ひく》くしたますばやく動《うご》けるようになります。

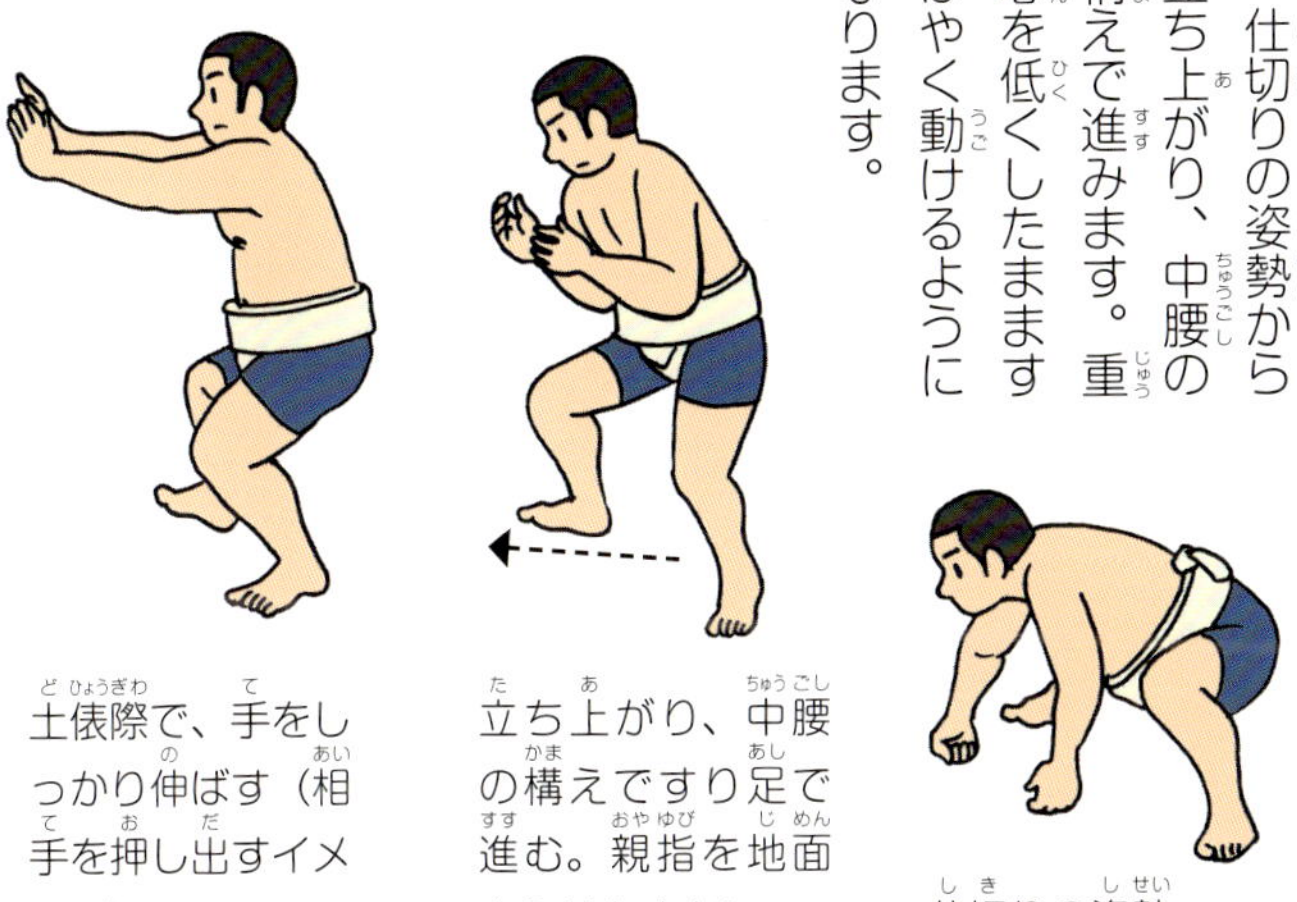

仕切《しき》りの姿勢《しせい》。

立《た》ち上《あ》がり、中腰《ちゅうごし》の構《かま》えですり足《あし》で進《すす》む。親指《おやゆび》を地面《じめん》からはなさない。

土俵際《どひょうぎわ》で、手《て》をしっかり伸《の》ばす（相手《あいて》を押《お》し出《だ》すイメージ）。

てっぽう

上半身《じょうはんしん》をきたえ、「突《つ》き」や「押《お》し」のけいこになります。

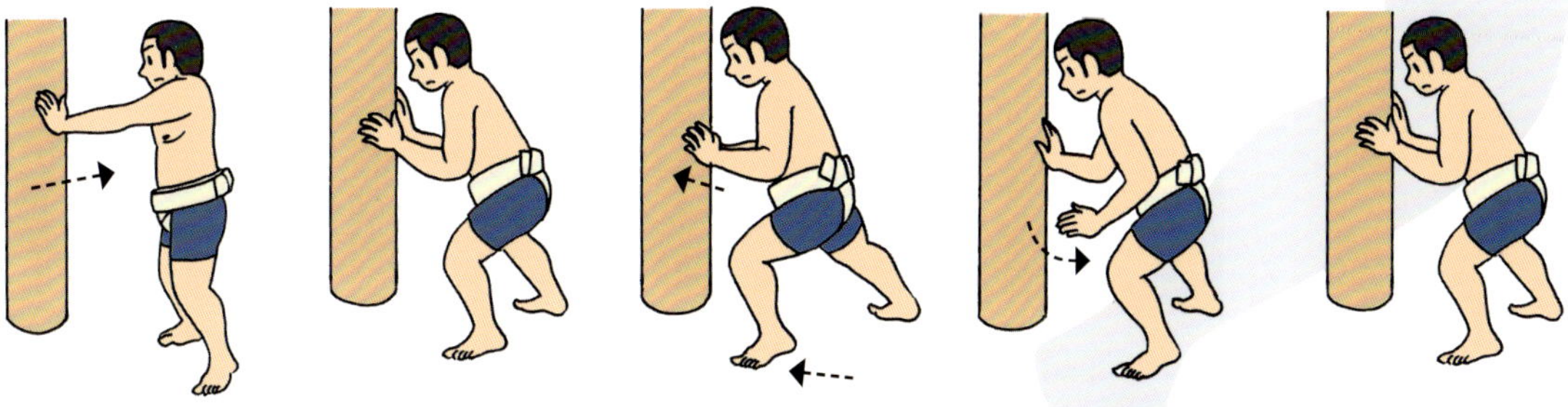

中腰《ちゅうごし》の姿勢《しせい》で両手《りょうて》を柱《はしら》につく。

左手《ひだりて》をはなして後《うし》ろに引《ひ》く。

左手《ひだりて》で柱《はしら》をつくとともに、左足《ひだりあし》をうかせて前《まえ》に出《だ》す。

左足《ひだりあし》だけもどす。

両腕《りょううで》を伸《の》ばす。右手《みぎて》、右足《みぎあし》で同様《どうよう》の動《うご》きをする。

受《う》け身《み》

投《な》げられた時《とき》の衝撃《しょうげき》をやわらげ、けがを防《ふせ》ぎます。

蹲踞《そんきょ》の姿勢《しせい》。

右手《みぎて》のこぶしをつき、体《からだ》を丸《まる》める。

右《みぎ》ひじ、右肩《みぎかた》、背中《せなか》、左腰《ひだりこし》と回《まわ》る。

回転《かいてん》し、左足《ひだりあし》をついて起《お》き上《あ》がる。

蹲踞《そんきょ》の姿勢《しせい》にもどる。

大相撲《おおずもう》の力士《りきし》は、普段《ふだん》のけいこで、基本動作《きほんどうさ》をくり返《かえ》し行《おこな》って、体《からだ》をきたえている。とりわけ、足《あし》をまっすぐに上《あ》げ、片足立《かたあしだ》ちのまましばらく静止《せいし》した四股《しこ》は、たいへん美《うつく》しい。これは、足《あし》だけでなく体幹《たいかん》をきたえているからこそできるものだ。

試合《しあい》（取組《とりくみ》）をしよう

「押《お》し」、「寄《よ》り」、「突《つ》き」などの基本《きほん》になる技《わざ》を身《み》につけて、試合《しあい》をしてみましょう。

仕切《しき》り→立合《たちあ》い

相手《あいて》をよく見《み》て、動作《どうさ》や呼吸《こきゅう》を合《あ》わせ、立合《たちあ》いをします。

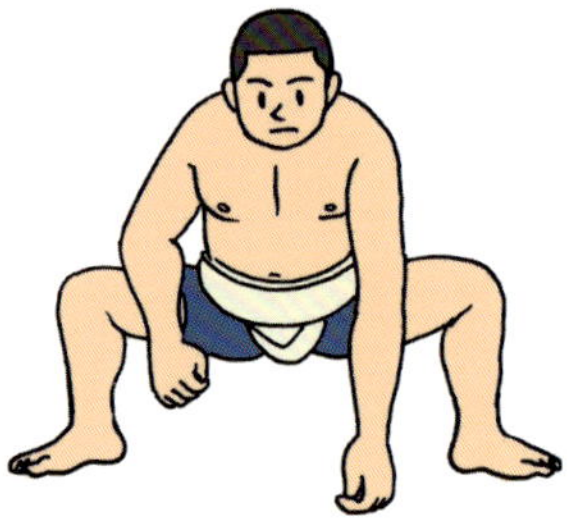

腰《こし》をしっかり落《お》として、片手《かたて》のこぶしを地面《じめん》につける。

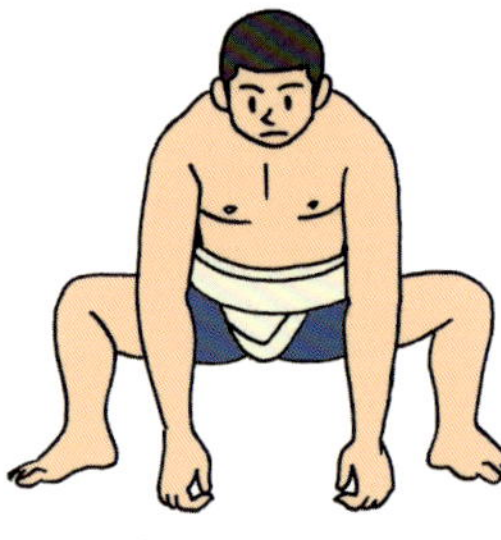

もう一方《いっぽう》の手《て》のこぶしも地面《じめん》につける。

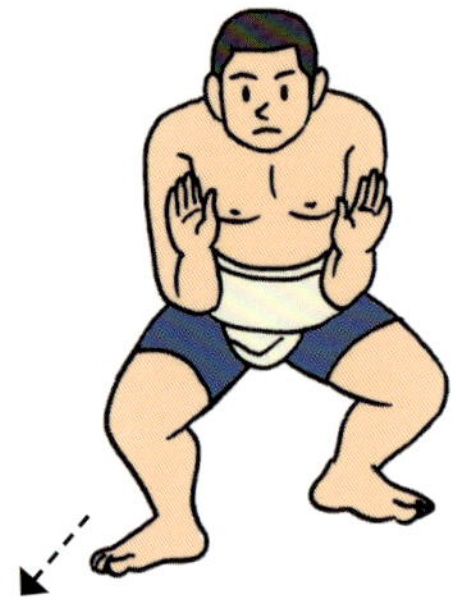

立《た》ち上《あ》がり、中腰《ちゅうごし》の構《かま》えで前《まえ》に出《で》る。

押《お》し

相撲《すもう》の基本技《きほんわざ》。息《いき》を止《と》めて、相手《あいて》を土俵際《どひょうぎわ》まで押《お》していきます。

立合《たちあ》いから前《まえ》に出《で》て、手《て》を相手《あいて》の脇《わき》の下《した》に当《あ》てる。

腰《こし》を低《ひく》くして、相手《あいて》をうかせるように押《お》す。

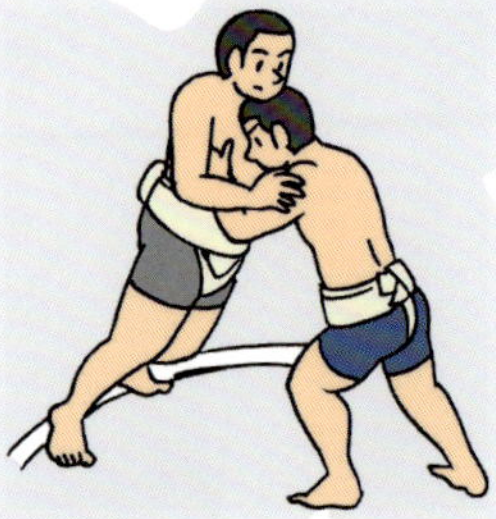

運《はこ》び足《あし》（すり足《あし》）で押《お》して前《まえ》に出《で》る。

相手《あいて》を押《お》し上《あ》げながら、手《て》を伸《の》ばす。

寄《よ》り

まわしを取《と》って、前《まえ》に出《で》ていく技《わざ》です。

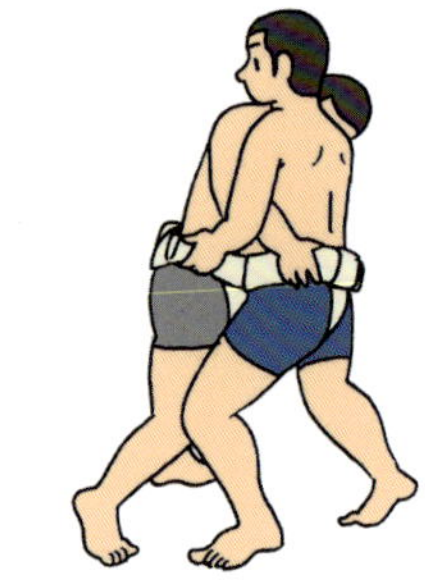

相手《あいて》を引《ひ》きつけて、頭《あたま》で相手《あいて》の頭《あたま》に圧力《あつりょく》をかける。

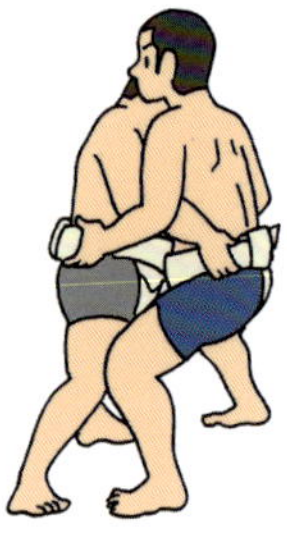

相手《あいて》よりまわしの位置《いち》が低《ひく》くなるように、腰《こし》を落《お》とす。

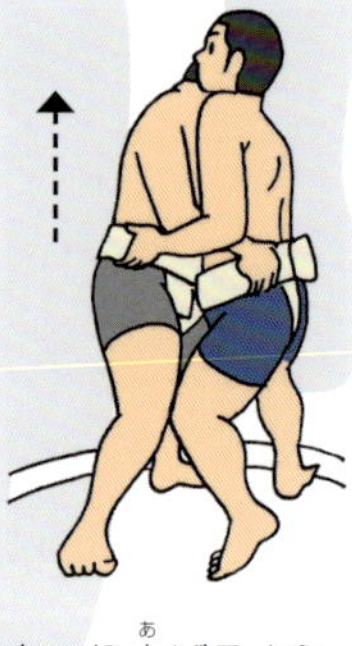

相手《あいて》をつり上《あ》げるように、差《さ》し手方向《でほうこう》に寄《よ》っていく。

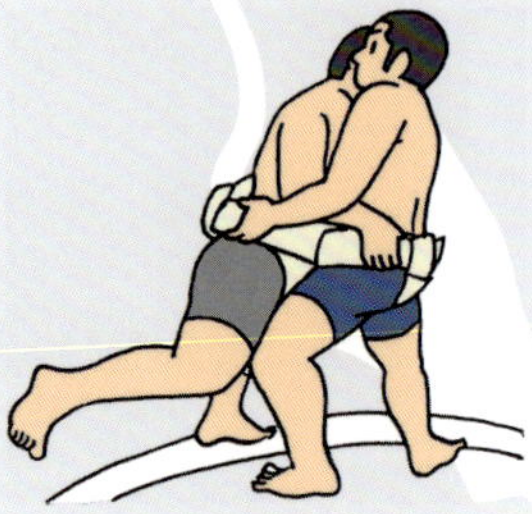

土俵際《どひょうぎわ》で、しっかり腰《こし》を落《お》として、寄《よ》り切《き》る。

突《つ》き

手《て》の平《ひら》で相手《あいて》の胸《むね》や肩口《かたくち》、上腕部《じょうわんぶ》を突《つ》く技《わざ》です。

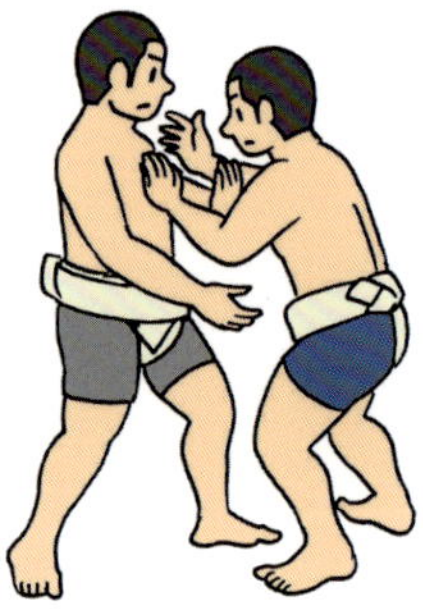

立合《たちあ》いの後《あと》、下《した》から上《うえ》に突《つ》き上《あ》げる。

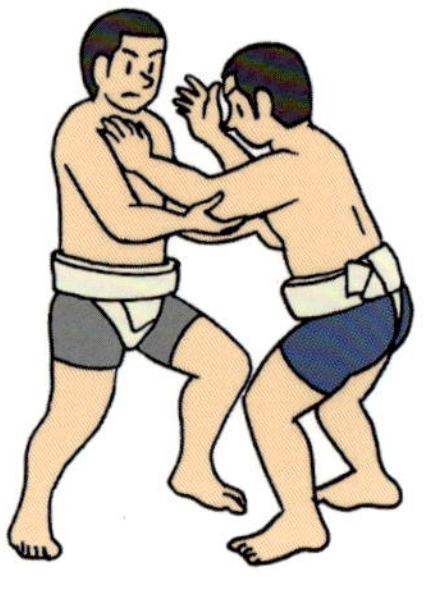

手《て》が相手《あいて》に当《あ》たったら、ひじを伸《の》ばす。

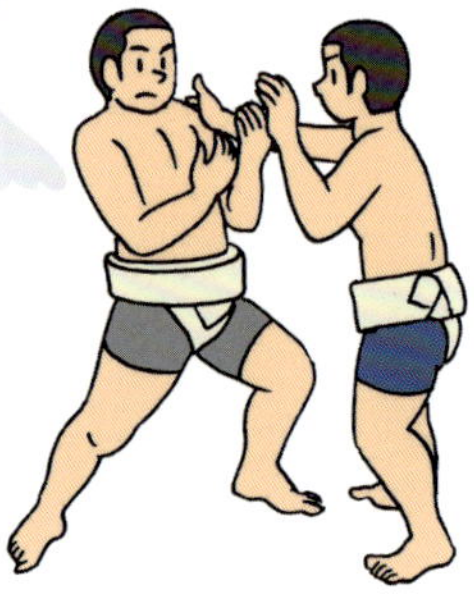

なるべく速《はや》い回転《かいてん》で突《つ》き、足《あし》も出《だ》す。

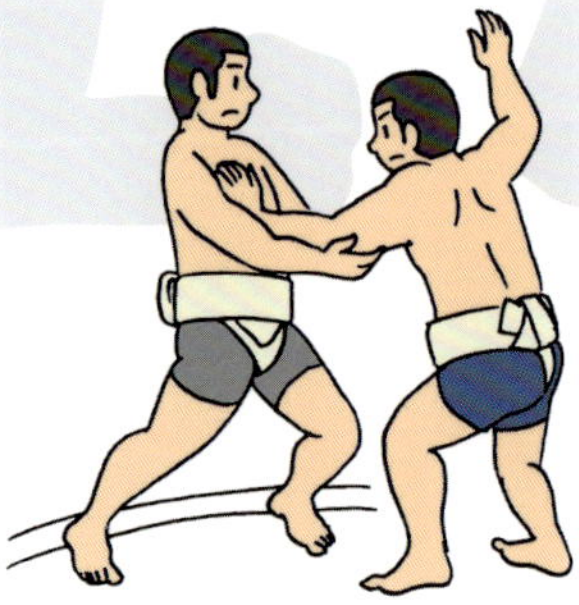

土俵際《どひょうぎわ》で腰《こし》を下《お》ろし、突《つ》き上《あ》げる。

相撲《すもう》では「押《お》し」は、基本中《きほんちゅう》の基本《きほん》の技《わざ》だ。相撲《すもう》の格言《かくげん》に、「押《お》さば押《お》せ、引《ひ》かば押《お》せ」というものがある。相手《あいて》が押《お》しても引《ひ》いても、とにかく押《お》せという意味《いみ》だ。ちなみに、柔道《じゅうどう》では、「押《お》さば引《ひ》け、引《ひ》かば押《お》せ」である。

前《まえ》さばき

相手《あいて》の攻《せ》めを防《ふせ》ぎ、自分《じぶん》に有利《ゆうり》な体勢《たいせい》をつくる技術《ぎじゅつ》です。

おっつけ

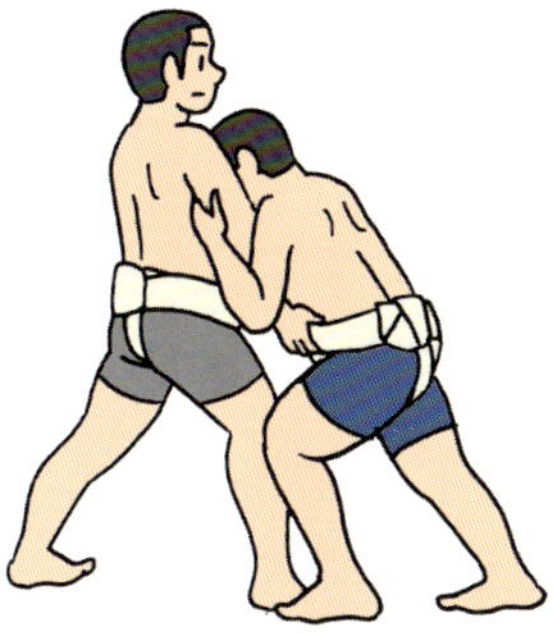

脇《わき》をしめ、相手《あいて》の差《さ》し手《で》を外側《そとがわ》から上《うえ》へ押《お》し上《あ》げる。

いなし

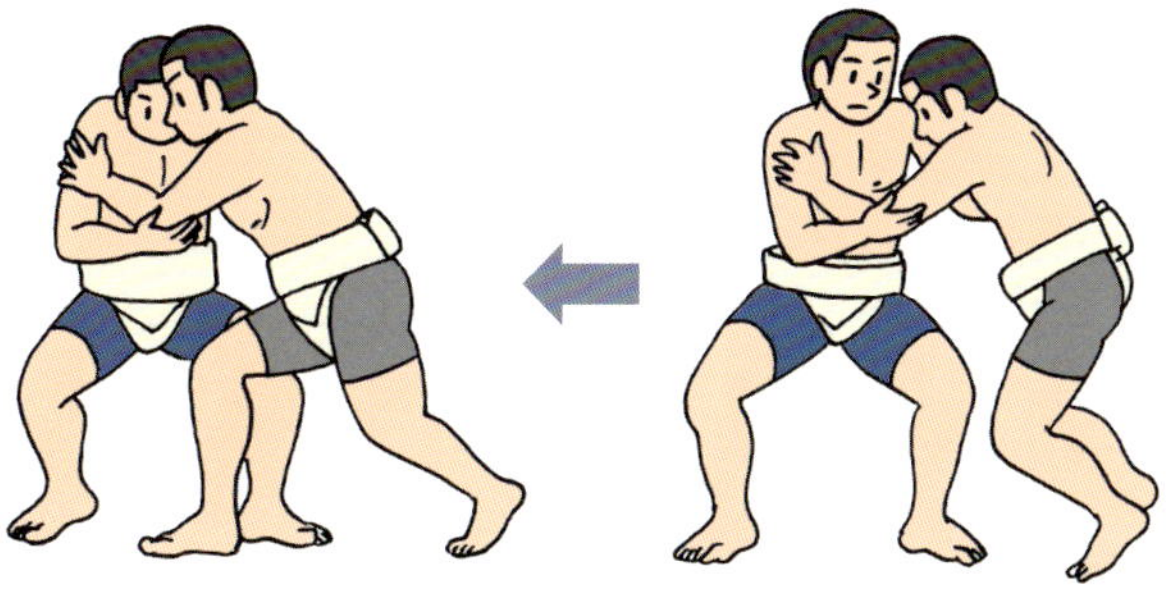

相手《あいて》が出《で》てくる時《とき》に、片足《かたあし》を引《ひ》き、体《からだ》を開《ひら》いて相手《あいて》の肩《かた》や腕《うで》を横《よこ》から押《お》す。

相手《あいて》の重心《じゅうしん》をうかせる感《かん》じがわかるようになると楽《たの》しいぞ！

しぼりこみ

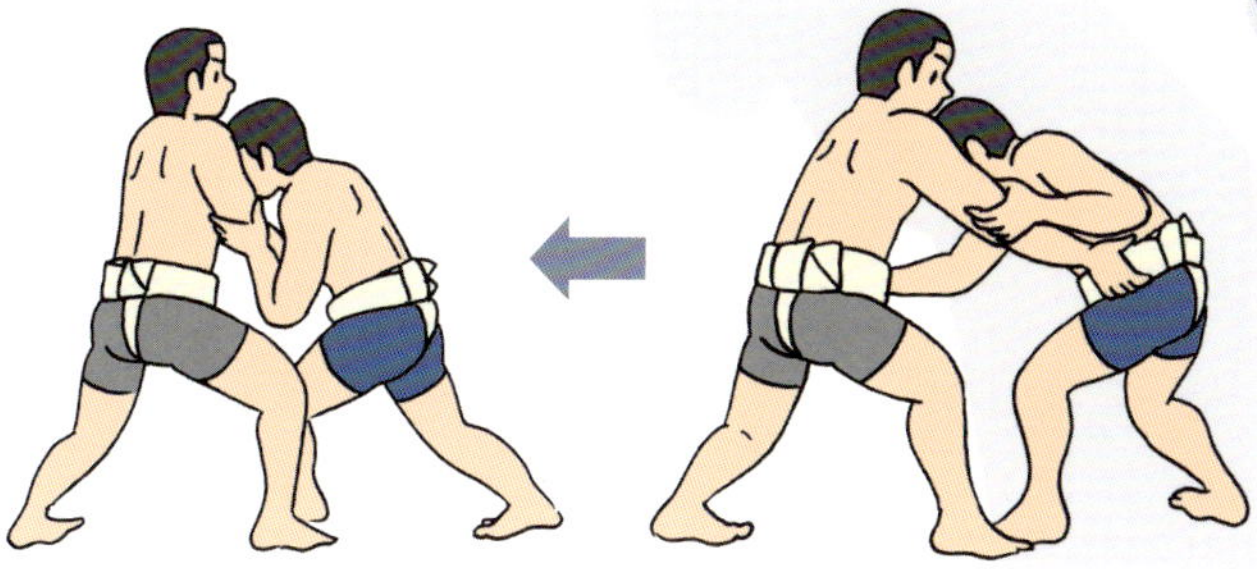

相手《あいて》のひじに手《て》をあてる。

相手《あいて》の腕《うで》を、下《した》からしぼるように押《お》し上《あ》げる。

はね上《あ》げ

重心《じゅうしん》を低《ひく》くし、突《つ》いてくる相手《あいて》のひじを下《した》からはね上《あ》げる。

投《な》げ

寄《よ》っていき、相手《あいて》が押《お》し返《かえ》そうとするところを投《な》げます。

上手《うわて》投《な》げ

上手《うわて》でまわしをつかみ、引《ひ》きつけた後《あと》、下《した》に向《む》かって投《な》げる。

下手《したて》投《な》げ

下手《したて》でまわしをつかみ、重心《じゅうしん》を低《ひく》くして、腰《こし》をぶつけるように投《な》げる。

すくい投《な》げ

差《さ》し手《で》から、まわしは取《と》らず、相手《あいて》の腕《うで》をすくいながら投《な》げる。

やってみよう、相撲遊《すもうあそ》び

ルールを工夫《くふう》して、いろいろな遊《あそ》び方《かた》をしてみよう。

● **手押《てお》し相撲《ずもう》**

両方《りょうほう》の手《て》の平《ひら》を合《あ》わせて、押《お》したり突《つ》いたりする。足《あし》が動《うご》いたら負《ま》け。

● **手引《てひ》き相撲《ずもう》**

足《あし》を前後《ぜんご》にして立《た》ち、おたがいの手《て》をにぎる。押《お》したり引《ひ》いたりして、足《あし》が動《うご》いたら負《ま》け。

● **蹲踞相撲《そんきょずもう》**

蹲踞《そんきょ》の姿勢《しせい》で押《お》し合《あ》い、手《て》をついたり、転《ころ》んだりしたら負《ま》け。

中学校《ちゅうがっこう》の保健体育科《ほけんたいいくか》では、武道《ぶどう》を学《まな》ぶことが定《さだ》められている。柔道《じゅうどう》、剣道《けんどう》、相撲《すもう》の中《なか》からひとつを選《えら》んで行《おこな》うことになっているが、柔道《じゅうどう》や剣道《けんどう》を実施《じっし》している学校《がっこう》が多《おお》く、相撲《すもう》の実施校《じっしこう》は比較的少《ひかくてきすく》ない。

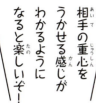

世界《せかい》の相撲《すもう》

世界各地《せかいかくち》で、相撲《すもう》に似《に》た競技《きょうぎ》が行《おこな》われています。

ボフ（ブフ）

モンゴルで行《おこな》われる格闘技《かくとうぎ》です。モンゴル相撲《すもう》と呼《よ》ばれることもあります。旧正月《きゅうしょうがつ》やナーダムという祭《まつ》りの時《とき》に行《おこな》われます。選手《せんしゅ》はフテチと呼《よ》ばれ、革製《かわせい》で、腕《うで》と背中部分《せなかぶぶん》だけの〝ゾドク〟という上部着衣《じょうぶちゃくい》と、〝ショーダグ〟という短《みじか》いパンツ、〝ゴダル〟というブーツを着《つ》けてたたかいます。競技《きょうぎ》は草原《そうげん》で行《おこな》い、土俵《どひょう》にあたるわくはなく、相手《あいて》のひじかひざ、または背中《せなか》を地面《じめん》につけると勝《か》ちで、手の平《ひら》はついてもかまいません。選手《せんしゅ》は、入場《にゅうじょう》の際《さい》と勝《か》った後《あと》に、鳥《とり》をイメージした舞《ま》いを行《おこな》います。

ボフの様子《ようす》。勝敗《しょうはい》は選手同士《せんしゅどうし》が決《き》め、合意《ごうい》できない時《とき》だけ、審判《しんぱん》が助言《じょげん》する。　写真／Alamy/PPS 通信社

クシュティー

インドやパキスタンなどで行《おこな》われている格闘技《かくとうぎ》です。およそ4メートル四方《しほう》の、耕《たがや》してやわらかくした土《つち》の上《うえ》でたたかいます。相手《あいて》を投《な》げたおし、あお向《む》けにしておさえ、背中《せなか》か両肩《りょうかた》を地面《じめん》につけると勝《か》ちです。インド各地《かくち》には、クシュティーの選手《せんしゅ》を育《そだ》てる、相撲部屋《すもうべや》のような道場《どうじょう》があります。

クシュティーの様子《ようす》。選手《せんしゅ》は、パンツだけを着用《ちゃくよう》してたたかう。　写真／Alamy/PPS 通信社

シュヴィンゲン

スイスの国民的《こくみんてき》な格闘技《かくとうぎ》です。選手《せんしゅ》は、ズボンの上《うえ》に、〝シュヴィンガー・ホーゼ〟という、半《はん》ズボンをはいてたたかいます。おたがいに相手《あいて》の半《はん》ズボンをつかんで組《く》み合《あ》い、投《な》げ技《わざ》や足技《あしわざ》、反《そ》り技《わざ》などを使《つか》って、相手《あいて》の両肩《りょうかた》を地面《じめん》につけると勝《か》ちです。

シュヴィンゲンの様子《ようす》。競技場《きょうぎじょう》には、おがくずがしきつめられている。　写真／Alamy/PPS 通信社

〝足《あし》の裏以外《うらいがい》の体《からだ》が地面《じめん》についたら負《ま》け〟は、日本《にっぽん》の相撲《すもう》の特徴《とくちょう》だな！

中国《ちゅうごく》では、レスリングや相撲《すもう》のような競技《きょうぎ》をまとめてシュアイジャオという（ただし、中国《ちゅうごく》の伝統的《でんとうてき》な格闘技《かくとうぎ》のひとつをシュアイジャオということもある）。中国《ちゅうごく》には、50以上《いじょう》の少数民族《しょうすうみんぞく》が住《す》むが、その半分以上《はんぶんいじょう》に固有《こゆう》の相撲《すもう》がある。

シルム

朝鮮民族《ちょうせんみんぞく》の間《あいだ》で行《おこな》われる格闘技《かくとうぎ》です。韓国相撲《かんこくずもう》と呼《よ》ばれることもあります。アマチュア選手《せんしゅ》によって行《おこな》われるほか、プロの団体《だんたい》もあります。

選手《せんしゅ》は、サッパという、8の字状《じじょう》の輪《わ》になった帯《おび》を、腰《こし》から右《みぎ》の太《ふと》ももにかけて巻《ま》きます。試合《しあい》はまず選《せん》手《しゅ》が正座《せいざ》して、日本《にっぽん》の相撲《すもう》でいう右《みぎ》四《よ》つに組《く》み、審判《しんぱん》の合図《あいず》で立《た》ち上《あ》がって始《はじ》まります。直径《ちょっけい》9メートルの円《えん》の内側《うちがわ》で行《おこな》われ、相手《あいて》のひざより上《うえ》の体《からだ》の部分《ぶぶん》を地面《じめん》につけた方《ほう》が勝《か》ちです。

シルムの試合《しあい》の様子《ようす》。選手《せんしゅ》が円《えん》から出《で》た場合《ばあい》は、組《く》み直《なお》して再開《さいかい》する。　写真／ Alamy/PPS 通信社

ヤールギュレシ

トルコ民族《みんぞく》の間《あいだ》で行《おこな》われる、レスリングのような格闘技《かくとうぎ》です。650年《ねん》をこえる歴史《れきし》があるとされ、毎年《まいとし》6～7月《がつ》にクルクプナルという全国大会《ぜんこくたいかい》が開《ひら》かれます。

選手《せんしゅ》は、牛《うし》の革《かわ》でつくった黒《くろ》いズボンをはき、体《からだ》にオリーブオイルをぬってたたかいます。以前《いぜん》は、相手《あいて》の背中《せなか》を地面《じめん》につけるか、相手《あいて》を持《も》ち上《あ》げて数《すう》歩《ほ》歩《ある》くと勝《か》ちというルールでしたが、近年《きんねん》は、技《わざ》によるポイント制《せい》が導入《どうにゅう》されています。

ヤールギュレシの様子《ようす》。草原《そうげん》で、何組《なんくみ》も同時《どうじ》に行《おこな》われる。　写真／ Alamy/PPS 通信社

プレ

西《にし》アフリカのセネガルで行《おこな》われる競《きょう》技《ぎ》です。農作物《のうさくもつ》がとれたことに感謝《かんしゃ》する行事《ぎょうじ》として、地域対抗《ちいきたいこう》で行《おこな》われます。昔《むかし》、かんばつがあった時《とき》、大地《だいち》の神《かみ》と海《うみ》の神《かみ》が力比《ちからくら》べをして、大地《だいち》の神《かみ》が勝《か》って水《みず》や塩《しお》をもたらしてくれたという神話《しんわ》がもとになっているといわれています。おたがいに組《く》み合《あ》い、相手《あいて》の両《りょう》手《て》と両《りょう》ひざ、またはしりか背中《せなか》を地面《じめん》につけた方《ほう》が勝《か》ちになります。

プレの様子《ようす》。選手《せんしゅ》は試合《しあい》の前《まえ》に聖水《せいすい》で身《み》を清《きよ》め、集落内《しゅうらくない》をおどりながら練《ね》り歩《ある》く。

写真／ AGE/PPS 通信社

大西洋《たいせいよう》にあるスペイン領《りょう》カナリア諸島《しょとう》の相撲《すもう》は、半《はん》そでシャツと半《はん》ズボンで、おたがいに組《く》み合《あ》ったところから始《はじ》まる。直径《ちょっけい》20m くらいの円形《えんけい》のエリアの中《なか》で行《おこな》われ、足《あし》の裏以外《うらいがい》の体《からだ》の部分《ぶぶん》が地面《じめん》についたら負《ま》け。円《えん》から出《で》たらやり直《なお》す。

さくいん

●監修《かんしゅう》　デーモン閣下《かっか》

悪魔《あくま》。芸術《げいじゅつ》・娯楽《ごらく》の創作演出《そうさくえんしゅつ》と表現《ひょうげん》、世情評論《せじょうひょうろん》など多《おお》くの媒体《ばいたい》で活躍《かつやく》。相撲専門誌《すもうせんもんし》で論評《ろんぴょう》を11年間連載《ねんかんれんさい》。大相撲関連番組《おおずもうかんれんばんぐみ》でのゲスト解説《かいせつ》、報道《ほうどう》でのコメントでも頻繁《ひんぱん》に登場《とうじょう》。発表《はっぴょう》した楽《がっ》曲《きょく》に「土俵《どひょう》の魂《たましい》」「雷電為右衛門《らいでんためえもん》」「千秋楽《せんしゅうらく》」、書籍《しょせき》では『勝手《かって》に大相撲審議会《おおずもうしんぎかい》』(やくみつる氏《し》との共著《きょうちょ》)がある。監督《かんとく》した映画《えいが》「コナ・ニシテ・フゥ」では元横綱《もとよこづな》・輪島大士《わじまひろし》氏《し》を自分《じぶん》の父親役《ちちおややく》に配役《はいやく》。
「邦楽維新《ほうがくいしん》 Collaboration《コラボレーション》」など和《わ》の伝統芸《でんとうげい》との共作活動《きょうさくかつどう》も主体的《しゅたいてき》で、上海万博《しゃんはいばんぱく》では「文化交《ぶんかこう》流大使《りゅうたいし》」も執務《しつむ》。早稲田大学相撲部特別参与《わせだだいがくすもうぶとくべつさんよ》。

http://demon-kakka.jp/

●編集協力　有限会社大悠社
●表紙デザイン　キガミッツ
●本文デザイン　seadragon
●イラスト　川上　潤
タカダカズヤ
もちつきかつみ

デーモン閣下監修《かっかかんしゅう》！

みんなの相撲大全《すもうたいぜん》（全《ぜん》2巻《かん》）

二　すばらしい相撲《すもう》の世界《せかい》

2018年4月　初版発行

発 行 者　升川秀雄
発 行 所　株式会社教育画劇
〒151-0051
東京都渋谷区千駄ヶ谷5-17-15
TEL：03-3341-3400
FAX：03-3341-8365
http://www.kyouikugageki.co.jp
印刷・製本　大日本印刷株式会社
56P 268 × 210mm　NDC788 ISBN978-4-7746-2134-0
（全2冊セット ISBN978-4-7746-3107-3）

Published by Kyouikugageki, inc., Printed in Japan

●参考文献

『相撲大事典　第四版』金指基原著／公益財団法人日本相撲協会監修（現代書館）
『大相撲の事典』澤田一矢編（東京堂出版）
『勝手に大相撲審議会』やく みつる・デーモン閣下著（中央公論新社）
『相撲の歴史』新田一郎著（山川出版社）
『日本相撲大鑑』窪寺紘一著（人物往来社）
『相撲、国技となる』風見明著（大修館書店）
『大相撲手帳』杉山邦博監修（東京書籍）
『力士の世界』33代木村庄之助著（KADOKAWA）
『相撲のひみつ』新田一郎著（朝日出版社）
『モンゴル国の伝統スポーツ―相撲・競馬・弓射』井上邦子著（叢文社）
『シルム　韓国のすもう』キム・ジャンソン作　イ・スンヒョン絵　ホン・カズミ訳（岩崎書店）
『見る・学ぶ・教える　イラスト相撲』日本体育大学武道学相撲研究室　塔尾武夫・小川光哉・松本茂著（五月書房）
『DVDでよくわかる！　相撲観戦が10倍楽しくなる!!　世界初の相撲の技術の教科書』桑森真介著（ベースボール・マガジン社）
『平成三十年版　大相撲力士名鑑』京須利敏・水野尚文編著（共同通信社）
『目でみる昭和の大相撲（上）（下）』景山忠弘編・解説（国書刊行会）
『世界のスポーツ④アジア（相撲、テコンドー、卓球、バドミントンほか）』友添秀則監修（学習研究社）
『世界のスポーツ⑤その他の地域（ラグビー、セネガル相撲、トライアスロンほか）』友添秀則監修（学習研究社）
『さあ、はじめよう！日本の武道③　相撲』（財）日本相撲連盟監修　こどもくらぶ編（岩崎書店）
『決定版ビジュアル大相撲大図鑑』服部祐兒監修（汐文社）
『大相撲の解剖図鑑』伊藤勝治監修（エクスナレッジ）
『大相撲の道具ばなし』坂本俊夫著（現代書館）
『チカラビトの国 －乃南アサの大相撲探検－』乃南アサ著（新潮社）
『ハッキヨイ！せきトリくん　わくわく大相撲ガイド』財団法人日本相撲協会監修（河出書房新社）
『ハッキヨイ！せきトリくん　わくわく大相撲ガイド　押し出し編』財団法人日本相撲協会監修（河出書房新社）
『ハッキヨイ！せきトリくん　わくわく大相撲ガイド　寄り切り編』公益財団法人日本相撲協会監修（河出書房新社）
『舞の海秀平と学ぶ　知れば知るほど大相撲』舞の海秀平・はすまる・荒井太郎著（徳間書店）
『大相撲知れば知るほど』「相撲」編集部編著（ベースボール・マガジン社）
『おもしろ大相撲百科』桜井誠人著（舵社）
『裏まで楽しむ！大相撲』ダグハウス編（KADOKAWA）
『大相撲！』武田和衛著（ローカス）
『相撲「通」レッスン帖』第三十四代木村庄之助こと伊藤勝治監修（大泉書店）
『図解　平成大相撲決まり手大事典』新山善一著（国書刊行会）
『はじめての大相撲』舞の海秀平監修／小野幸恵著（岩崎書店）
『昭和大相撲史』（毎日新聞社）
『別冊相撲　秋季号　国技相撲の歴史』（ベースボール・マガジン社）
『1945～2015　大相撲戦後70年史』（ベースボール・マガジン社）
『大相撲優勝力士100人』（ベースボール・マガジン社）
『大相撲名力士風雲録　第10号』（ベースボール・マガジン社）
『相撲観戦入門2017』（ベースボール・マガジン社）
『大相撲決まり手大図鑑』（ベースボール・マガジン社）
『大相撲完全ガイド』（晋遊舎）
『中学体育実技』（学研教育みらい）

横綱一覧《よこづないちらん》②

※「力士名《りきしめい》」「所属部屋《しょぞくべや》」は、引退時《いんたいじ》のもの。力士名《りきしめい》の「初代《しょだい》」「二代《にだい》」「三代《さんだい》」は、同名《どうめい》の横綱《よこづな》が存在《そんざい》する場合《ばあい》のみに付記《ふき》。

代数《だいすう》	力士名《りきしめい》	所属部屋《しょぞくべや》	出身《しゅっしん》	横綱免許《よこづなめんきょ》（推挙《すいきょ》）年月《ねんげつ》	番付《ばんづけ》にのった最終場所《さいしゅうばしょ》の年月《ねんげつ》
38代《だい》	照國《てるくに》 万蔵《まんぞう》	伊勢ケ濱《いせがはま》	秋田《あきた》	昭和《しょうわ》17（1942）年《ねん》6月《がつ》	昭和《しょうわ》28（1953）年《ねん》1月《がつ》
39代《だい》	前田山《まえだやま》 英五郎《えいごろう》	高砂《たかさご》	愛媛《えひめ》	昭和《しょうわ》22（1947）年《ねん》6月《がつ》	昭和《しょうわ》24（1949）年《ねん》10月《がつ》
40代《だい》	東富士《あずまふじ》 欽壹《きんいち》	高砂《たかさご》	東京《とうきょう》	昭和《しょうわ》23（1948）年《ねん》10月《がつ》	昭和《しょうわ》29（1954）年《ねん》9月《がつ》
41代《だい》	千代の山《ちよのやま》 雅信《まさのぶ》	出羽海《でわのうみ》	北海道《ほっかいどう》	昭和《しょうわ》26（1951）年《ねん》5月《がつ》	昭和《しょうわ》34（1959）年《ねん》1月《がつ》
42代《だい》	鏡里《かがみさと》 喜代治《きよじ》	時津風《ときつかぜ》	青森《あおもり》	昭和《しょうわ》28（1953）年《ねん》1月《がつ》	昭和《しょうわ》33（1958）年《ねん》1月《がつ》
43代《だい》	吉葉山《よしばやま》 潤之輔《じゅんのすけ》	高島《たかしま》	北海道《ほっかいどう》	昭和《しょうわ》29（1954）年《ねん》1月《がつ》	昭和《しょうわ》33（1958）年《ねん》1月《がつ》
44代《だい》	栃錦《とちにしき》 清隆《きよたか》	春日野《かすがの》	東京《とうきょう》	昭和《しょうわ》29（1954）年《ねん》10月《がつ》	昭和《しょうわ》35（1960）年《ねん》5月《がつ》
45代《だい》	若乃花《わかのはな》 幹士《かんじ》（初代《しょだい》）	花籠《はなかご》	青森《あおもり》	昭和《しょうわ》33（1958）年《ねん》1月《がつ》	昭和《しょうわ》37（1962）年《ねん》5月《がつ》
46代《だい》	朝潮《あさしお》 太郎《たろう》	高砂《たかさご》	鹿児島《かごしま》	昭和《しょうわ》34（1959）年《ねん》3月《がつ》	昭和《しょうわ》37（1962）年《ねん》1月《がつ》
47代《だい》	柏戸《かしわど》 剛《つよし》	伊勢ノ海《いせのうみ》	山形《やまがた》	昭和《しょうわ》36（1961）年《ねん》9月《がつ》	昭和《しょうわ》44（1969）年《ねん》7月《がつ》
48代《だい》	大鵬《たいほう》 幸喜《こうき》	二所ノ関《にしょのせき》	北海道《ほっかいどう》	昭和《しょうわ》36（1961）年《ねん》9月《がつ》	昭和《しょうわ》46（1971）年《ねん》5月《がつ》
49代《だい》	栃ノ海《とちのうみ》 晃嘉《てるよし》	春日野《かすがの》	青森《あおもり》	昭和《しょうわ》39（1964）年《ねん》1月《がつ》	昭和《しょうわ》41（1966）年《ねん》11月《がつ》
50代《だい》	佐田の山《さだのやま》 晋松《しんまつ》	出羽海《でわのうみ》	長崎《ながさき》	昭和《しょうわ》40（1965）年《ねん》1月《がつ》	昭和《しょうわ》43（1968）年《ねん》3月《がつ》
51代《だい》	玉の海《たまのうみ》 正洋《まさひろ》	片男波《かたおなみ》	愛知《あいち》	昭和《しょうわ》45（1970）年《ねん》1月《がつ》	昭和《しょうわ》46（1971）年《ねん》9月《がつ》（現役中《げんえきちゅう》に没《ぼつ》）
52代《だい》	北の富士《きたのふじ》 勝昭《かつあき》	九重《ここのえ》	北海道《ほっかいどう》	昭和《しょうわ》45（1970）年《ねん》1月《がつ》	昭和《しょうわ》49（1974）年《ねん》7月《がつ》
53代《だい》	琴櫻《ことざくら》 傑将《まさかつ》	佐渡ケ嶽《さどがたけ》	鳥取《とっとり》	昭和《しょうわ》48（1973）年《ねん》1月《がつ》	昭和《しょうわ》49（1974）年《ねん》7月《がつ》
54代《だい》	輪島《わじま》 大士《ひろし》	花籠《はなかご》	石川《いしかわ》	昭和《しょうわ》48（1973）年《ねん》5月《がつ》	昭和《しょうわ》56（1981）年《ねん》3月《がつ》
55代《だい》	北の湖《きたのうみ》 敏満《としみつ》	三保ケ関《みほがせき》	北海道《ほっかいどう》	昭和《しょうわ》49（1974）年《ねん》7月《がつ》	昭和《しょうわ》60（1985）年《ねん》1月《がつ》